ふるさと創生
北海道上士幌町のキセキ

黒井克行 Katsuyuki Kuroi

木楽舎
KIRAKUSHA

どこまでも続く緑の景色。
ここが日本一広い、
ナイタイ高原牧場です。

もくじ

序章

「2億円が降ってきた」

「エッ！　こんなにも！」

高額宝くじに当たったわけではない。町はほとんど予期せぬほどの浄財を手にした。「ふるさと納税」制度がスタートして5年目の2013（平成25）年。

当時、人口5000人ほどの北海道十勝管内上士幌町に1万3278件、2億4350万円もの寄付金が転がり込んできたのだ。北海道内ではトップの実績で、前年度の約15倍にあたる寄付金であった。

置き去りにされた地方

戦後、日本は東京を中心に右肩急上昇のカーブを描く経済成長を遂げ、奇跡ともいわれる復興を果した。

首都東京は東京オリンピック（１９６４年）を境に世界の大都市としてさらなる発展をし、若者は都会を目指して流れ込み、日本は東京一極集中する社会構造となって、気がつけば地方は置き去りにされた恰好となった。

確かに、東京へ政治や経済等あらゆる公的機能が集中することで成長は加速度を増し、その結果、不可能といわれた日本の復興があったわけだが、同時に日本は無視することのできない大きな代償も抱えてしまった。それが今、あらためて浮き彫りになった。


歴代の政府は疲弊する地方への思いを道路整備や箱もの建設といった公共事業で酬い得ると、生活インフラや経済活動をサポートしてきたつもりだったが、所詮、付け焼き刃に過ぎず、それで十分な解決が図れたとはいえなかった。その証拠に、「地方経済の建て直し」だの「地域主義」や「地方の活性化」だのともう耳にタコができるほど繰り返し叫ばれ、そして聞かされてきたが、いつもほとんどがお題目を並べて終わりの、選挙を見据えた建前にしか聞こえてこないのだ。実際、地方と中央との経済格差は広がるばかりなわけだから。

絶望的とも思えた焼け跡からの復興を急務とした国としては、地方を犠牲にしてでもまずは中央偏重にならざるを得なかったのか。この期に及んで「地方の活性化を」などと、遠い昔に置き忘れられたものをあたかも抽斗《ひきだし》の奥から引っ張りだされて真顔で言われても、地方からすれば「今さら」と愚痴の一つや二つ出てきても不思議ではない。もう呟く元気すらも失いつつあるのが地方の実状なのだ。せいぜい盆暮れの、年に二度の「中央から地方へ」の人の流れである。

特に、お盆時期には甲子園で行われる高校野球が地方というアイデンティティを訴える恰好の機会で、おらが町の代表校を応援し、束の間の元気に浸る。とはいえ、代表校の大半が各都道府県の県庁所在地にある私立の強豪校で、しかも地元の若者ではなくて他県、とりわけ都会で小さい時からクラブチームで鍛え抜かれた〝野球留学生〟がチームを構成している高校も少なくないとなれば、故郷のアイデンティティに浸って興奮するのも少し控え気味にならざるをえない。せっかくの年に一度の楽しみにも中央と地方の格差を感じさせられているのである。

そんな戦後日本が復興の代償を抱え込んだままながら、国があらためて「地方創生」を謳い、放った政策の一つが「ふるさと納税」制度だった。疲弊し諦観《ていかん》しほとんど失いかけていた活力を地方が呼び戻す、いわば奇策か起死回生のヒット作になるのか……。

秋田が故郷の、菅義偉総務大臣（当時）はこうした地方の現状を憂えてきた一人であり、「ふるさと納税」制度は菅が「地方創生」の起爆剤として、福井県の西川一誠知事の発案を受ける恰好で、打ち出した政策であった。この制度には菅の「地方創生待ったなし」の強い思いが込められているが、「本来の税制から逸脱している」などの批判の声も上がり、賛否両論が渦巻く中、菅は敢然と舵を切った。そして、ここにきてようやくこの制度が大きく動き出そうとしていた。

北海道からいち早く手を挙げ乗っかってきたのは「上士幌」という小さな町だった。「ふるさと納税」は話題だけが先行するばかりで、国民にとってはこの新しい税制の目的を理解しきれず、実際に納税するにまでなかなか腰を上げないできた。そんな国民を尻目に、上士幌町は「これはイケるぞ」と真っ先にこの可能性に飛びつき準備にあたった。その結果、日本中から2億4350万円の納税という寄付金が降ってくる恩恵に与ったのである。

そもそも税収が6億円余りの町である。まさに町に〝2億円が降って湧いた〟のであるが、その後も上士幌町に対するふるさと納税額は倍倍倍……の伸びを示し、2016年度には21億2482万円にまで膨れ上がった。上士幌町は制度が生み出したこの寄付金を活かし、町の活性化へ向けて早速、政策を打ち出し実行に移していったのである。

感謝祭「上士幌まるごと見本市2018」

2018年11月25日。東京・芝の東京プリンスホテル2階宴会場は、竹中貢町長をはじめ担当職員や関係者、さらに上士幌町に「ふるさと納税」をした寄付者たちで入れ代わり立ち代わりの活況を呈した。

前日、上士幌の町民が上京の際の拠点とする「とかち帯広空港」のロビーは、朝から笑顔と緊張の面持ちの町の職員ら関係者で溢れ、そのまま羽田へ向かうどの便もかなりの席が彼らで埋めつくされていた。まるで、覚悟を決めて「いざ東京へ」と乗り込むチャーター便さながらの様相だった。

開場時間の午前10時に合せて扉の前で控えていた来場者、つまりは上士幌に「ふるさと納税」をした寄付者は、時報の合図と共に勢いよく会場に入った。毎年納税をし、この日を待ち焦がれていた人もいる。家族連れも目立つ。2つ用意された会場のうち1つでは返礼品の牛肉やアイス、フライドポテトなど用意された10種の試食ができ、また各相談コーナーが設けられていた。農業・林業・建設業などの仕事の紹介や住まい・起業の相談、子育てや認定こども園についての質問も受け付け、先輩移住者が自らの経験を聞かせるブースも設けられていた。担当職員や関係者らが希望者に親身に対応をする。

もう1つの会場の方は午後からのパネルディスカッションや講演の会場になっており、入口付近では町の特産品の販売や、記念に贈られた布製の白いトートバッグに町オリジナルの北海道遺産アーチ橋のスタンプをプリントしてマイバッグを作ったり、松ぼっくりに色とりどりのビーズや綿などを各自が飾りつけるミニクリスマスツリー作りも行われていた。

来場者の中には小さい子供を連れた家族も少なくなく、みんなで食べたり工作したりと楽しむ姿が見てとれた。町長も法被姿でその中にまぎれこみ、会場の隅々まで様子をうかがいながら目を細めていた。

職員ら町の関係者にとってこの日はいわば、一年に一度の、今日のまちづくりに力を

ほっかいどう かみしほろ
ほっかいどう かみしほろ

上士幌
まるごと
見本市
−2018−
Kamishihoro Marugoto Mihonichi

Imabari
Towel
Japan
BALLOON

ふるさとチョイス
利用率 No.1
navya

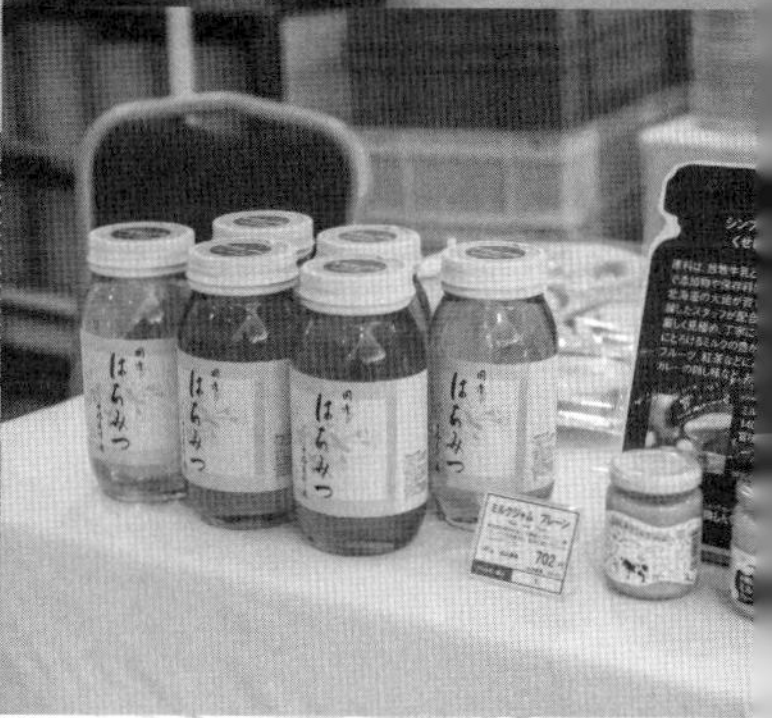
はちみつ
はちみつ
はちみつ
ミルクジャム プレーン
702

操作合同訓練
実際に運転者の
様態や救助に
携わる方々との合同訓練

上士幌町の
応援人口のみなさ

KAMISHIHORO

貸してくれた寄付者に直接ふれあって感謝の意を示し、末永いお付き合いをあらためてお願いする大事な日だ。

町長は、彼らを〝町の将来に関わっていただく人たち〟と考えていた。

「『ふるさと納税』の寄付者とどう向き合うか。寄付をいただいて感謝して終わりではなく、その人たちと今後どうつながっていくか。そうやって関係ができて続いていく人たちを関係人口と言うが、そんなみなさんに『ふるさと納税』をしていただいたことで町のホームページを開く。少しずつ町を知ってもらい、興味を持ち続けてもらう。『寄付金でこんなことに役立たせてもらいました。こんなことをやりますよ』って見てもらう。そして、今日こうして生産者や商工会のメンバー、町の職員らと直接ふれあってもらい、さらにいい関係を続けていきたい」

ここに来場者へのアンケート調査の結果がある。

見本市に対して95%の人が満足し、今後も参加したいという人が実に99%と来場者のほぼ全員が感謝祭への歓迎を示した。町はこの結果には手放しの喜びようであろう。

この中で特に興味深かったのは、「ふるさと納税」の寄付先として上士幌町を選んだ理由である。

「返礼品の魅力」が半数近くの46％だが、次いで「寄付の使われ方」が19％と決して低くない数字を示したことである。上士幌町の象徴的な寄付の使い途に「保育料無料」があるが、この数字には少子化や人口減少の問題を抱える地方を応援したいという気持ちが表れているのであろう。「町が好き」というのも13％とわるくないが、こうした「感謝祭」開催やインターネットを通じた情報発信の賜物だろうか。その中にこんな意見が入っていた。

「最初は返礼品が目当てでしたが、知れば知るほど町の魅力に嵌まってしまいます」

ちなみに、上士幌町役場では「ふるさと納税」をはじめ、問い合わせの多い案件に対しては担当部署だけでなく、誰もが最低限の質問や問い合わせに応えられるように情報を共有している。つまり、役所にありがちな縦割りの、電話のたらい回しはない。ひょっとしてそんな電話応対の良さもこの数字の中に含まれているのかもしれない。

町が最も気にしている移住希望については、「20％が考えている」という。それに関連して「最も興味のある情報は？」には、半数近くが「観光」と答えた。他、「仕事」「住まい」「子育て支援」「生活体験住宅」と続く。アンケートの調査結果をみるかぎり、来場者のほとんどがすでに町長が望むところの関係人口ではないだろうか。また上士幌への移住予備軍の影も垣間見えた気がする。

70歳の女性の「息子たち家族が参考になると思った」という意見がそれを示していた。

町長は寄付者に対し、感謝の意をこんな思いを込めて言う。

「5000人の町に年間10万人余りの方が寄付をしてくれている。私は寄付してくれる皆さんを『関係人口』というよりは〝応援人口〟と呼んでいる。町づくりのプレーヤーは5000人の上士幌の住民だが、スタンドには10万人の応援団がおり、スタンドから『上士幌町の町づくり頑張れよ』と、エールを送ってくれる皆さんだと思っている。スタンドから下りてきてプレーヤー（住民）になってもらうのも大歓迎だ」

2018年度の「ふるさと納税」の実績は、年末を前にしたこの時、すでに2億円ならぬ20億円を予想させる勢いで、寄付金が町に寄せられていた。


本書では、地方創生で目指す「人口減少の克服」「地域経済の活性化」「東京圏の一極集中」といった喫緊の課題について、中山間の農村地域において「キセキ」的に、成功を収めている北海道上士幌町の取り組みについて、町長を始め関係職員、関係者のインタビューと現場での取材から「キセキの謎」について探ってみた。

第1章

海の向うに地方が見えた

地方という田舎

少年はいつも島から海の向うに20kmにわたって連なる稜線を見ていた。

そこは日本海に面した北海道北西部に位置する苫前郡羽幌町辺りで、島の人は「地方」と呼んだ。「地方」と書いて「じがた」と読み、島が世界の中心の少年や島民にとってそこは地方(じがた)であり、島の1万5000倍も広い北海道という島は地方(ちほう)だった。

彼が暮らす天売島は面積が5・5㎢の、島の周囲が12kmしかない小さな島である。今は人口が300人余りに過ぎないが、かつてはニシン漁で栄え、島の北西岸に続く断崖には海鳥が繁殖し、その一種であるオロロン鳥も生息することから〝オロロンの島〟とも言われ、島を舞台にした『天国の島』という楽曲も作られ、長閑な田舎であり、中央から見るとまさに小さな地方そのものだった。

「凄くいいところなんですよ。犯罪とはまったくの無縁の土地で、夜も日中も施錠するなんて習慣すらない全てがオープンな島です。だいたい、わるいことをしても逃げ場がありませんからね。海がシケると大人は皆、昼間から酒を酌み交わし、子供は小遣いを貰ってお使いに走らされるんです。本当に自由奔放で島民は皆、心豊かに暮らしていました。それに観光資源や天然鉱物にも恵まれてもいるんですからね。でも……」

少年は若き日の上士幌町の竹中貢町長である。

「こんなにいい島でいい人ばかりなのに、心豊かに暮らしていても生活は貧しかった。素晴らしい資源にだって恵まれているというのに一体何故なんだろう? 子供心にも素朴な疑問をずっと抱いていました」

島には教育のシンボルとして定時制の高校があった。中学を卒業すると同級生50数名のうち5〜6人が島外の高校に進学し、他、地元の定時制に通うか、早速、漁師になるか。あとのほとんどは〝金の卵〟として東京の上野駅を目指した。そういう時代であった。

少年は漁師の父の下、貧しいながらも6人兄弟の末っ子として育った。後に島を出て、向う岸の町の公立高校へ進学するが、生まれて初めて島を出て〝地方〟に足を踏み入れたのは小学4年の時だった。この時に初めて汽車を見た。そして、一番驚き感激したのは、ソフトクリームだった。

「世の中にこんなに美味しいものがあるのか！」

それまでカチンカチンに凍らせ、先端部分に甘さと風味が偏ったアイスキャンディーしか口にしたことのない子供にとっては夢のような味覚体験だったに違いない。

「いまだにあのとろけるような食感と味は忘れられない。煙を吐きながら（蒸気）汽車がトンネルから出てくると真っ黒になったことも新鮮な思い出だ」

当時の竹中少年にとって島から見た「地方」という、より文化的な香りのする町は実に刺激的で、この時の体験が後の町長の「ふるさと創生」に挑む原風景であり、ルーツであったのかもしれない。

中央一極集中と地方消滅

戦後、日本は驚異的な経済成長を遂げ復興を果した。

その背景には地方から都会へ仕事を求めて、また憧れの都会での生活に希望を託した人の流れがあった。集団就職で田舎から東京・上野駅を下りた〝金の卵〟たちは、その後の高度経済成長を支える大きな原動力となったのは確かだ。いわば、戦後日本の復興と半ば〝焼け野原〟だった東京が世界の大都会へと発展していった背景の一つに、こうした地方から〝もらった〟人の力が大きく、奇跡の源にあった。但し、その後、日本復興の立役者である〝金の卵〟たちが都会でどういう人生を送ったのか……。

「仕事をしながら定時制高校にも通わせてもらい、都会で華やかに暮らしていたのか？そのような便りはほとんど聞いていない。経済成長とともに物価も上がる東京で高い家賃を払いながらもプロ野球を観戦に行ったり、歌舞伎を観たり楽しんでいたのか？どうもそうではなさそうだ」

町長は昔の仲間に思いを馳せ、戦後日本を振り返る。

「団塊の世代のリタイアに伴い、今、〝ふるさと回帰運動〟ともいえる第二のふるさと探しが動き出している。島を離れてからこれまでを振り返ってみるとまず第一に〝生きる〟ということだった。親に負担をかけまいと学費を自分で稼いで捻出し、寮で人間関係を学び、安保闘争で否が応でも人生を考えさせられた。知識ばかりに振り回されずに、局面に遭遇したらどう対処し切り抜け生き抜くか。すべては修行だった。そして今、新たな局面に遭遇している」

夢を抱いて上野駅を降り立ったものの、都会における経済成長の賜物はみなに等しくあるわけではなく、弱肉強食が罷《まか》り通り、篩《ふるい》から落とされた者は置き去りにされ、時代のスピードは加速を極めてどんどんと先へ進んでいったのである。地方にそんな時代のスピードについていける力はなく、その存在はいわば陸の孤島と化していった。

それは日本の産業構造にも変化を及ぼし、たとえば、若い彼らが抜けた地方の穴は後継者問題となって徐々に広がりはじめ、第一次産業の将来に暗い影を落とし始めていたのだ。確かに、農業における機械化等による生産技術の発達は人手不足の解消にひと役買ったものの、それでよしとするわけにはいかない。後継者を含めた若者の流出は町の世代間バランスを欠き、自治体を成立させていく上で齟齬《そご》をきたし始めたのである。瑣細なことかもしれないが、たとえば、雪国での屋根に降り積もった雪下ろし作業は高齢者には難しく、生活に直に影響を及ぼすのだ。

こうした地方の過疎化の流れの勢いは都会の成長の陰で止まることを知らず、気がつけば深刻な状況に陥り、第一次産業の存亡だけでなく、それに伴う町の存亡をも揺るがしかねない問題にもなっていた。今、直面している日本という国の大きな問題である。

一方、そんなことなどお構いなしに膨張を続ける東京があった。

中央一極集中もここに極まれりといわんばかりの人いきれの窮屈さである。通勤ラッシュを回避するためのフレックスタイム制（始業と終業の時刻を働く側の決定に委ねる）も導入されて久しいが、都会の人の多さはすでに限界を超え、さらに膨張を重ねようとしている。

総務省によると、首都圏の1都3県における転入者が転出者を上回る「転入超過」は2018年の1年間に14万人近くを数え、前の年と比べ1万4338人増えた。2014年に政府が閣議決定した「2020年までに人口の出入りを均衡させる」という目標はあやしく、今もって一極集中に歯止めがかかっていないのだ。いずれにしろ一刻も解決が急がれる問題である。

たとえば、2011年の東日本大震災の際に生まれた帰宅難民である。首都圏の人で溢れた混乱ぶりはまだ記憶に新しいところだ。このような自然災害だけでなく、公共交通機関でも人身事故が起きれば瞬時に首都圏の機能は麻痺し、長引けばパニックを引き起こしかねない。もはや、大雪の朝や通勤時間帯に電車が止まると駅のホームには人が溢れて構内への入場規制は珍しい光景ではなくなったが、異常事態に慣れきってしまうのは大変に怖い話である。仮に東京の人口が半分にでもなれば、避難や救助、それに混乱はより小さくできることはいうまでもないが……。

たとえ窮屈ながら今の状況を受け入れ、うまく付き合っていく術を覚えたとしても、果してどこまで我慢しきれるものか。いかに防災の知識を身につけ、行政が万が一に備えた対策が整えられていたにしても、全く予断を許さぬ自然の脅威と対決することなど人間の力では到底及ばないことは明らかで、大きな災害を予想する声が聞こえてくるたびに息苦しさを覚える。

もちろん、東京を故郷にする先祖代々の江戸っ子もいるわけで、決して彼らにとっての〝地方〟をけなすつもりなどさらさらない。むしろ、彼らは日本全国から短期間に大挙して自分たちの庭に踏み込まれて、身動きができなくなった被害者なのかもしれない。

そもそも東京に住んでいる人たちは必ずしも「東京でなければ」という選択肢しかないわけではなかったはずだ。仕事を中心に据えて考えてみると、「東京」を選択しなければならなかっただけで致し方なく、仕事以外の価値観で生活を考えた場合には違った選択肢が生まれる可能性もあった。

昨今、「豊かさとは？」との議論もよく聞かれるようになったが、単に経済的価値を優先するのではなく、それに代わる精神的な「ゆとり」を求める風潮も生まれているのは事実である。都会で暮らす若者の間に「Uターン」「Jターン」という言葉も生まれ、息苦しさを感じていた彼らが故郷に帰る動きも出てきている。決して都会での行き場を失い、必ずしも田舎に〝逃げ〟帰ったわけではない。

一方では都会で学び、地元に戻ってそのキャリアを活かして生活しようにも受け皿がなく、そのまま居残ったままの人もいまだ少なくない。都会の大学で身につけたものを帰郷して活かし、仕事に就こうとすれば、地元の金融機関や地場産業、もしくは地方公務員か教師など、予め決まっているパイの大きさは決して大きいものではないので溢れる人の方が圧倒的に多く、やはり都会に踏み止まらざるを得ないという実態もある。

町長はこんな日本の現状にも地方の可能性と存在意義を見出し、確かな未来を信じて挑戦を続けることになんの躊躇いもなかった。小さな島から地方も都会も見てきた今、地方の中から町長に見える確信が「待った」をかけることになる。

「『地方には仕事がない』とよく言われるが、選り好みするからであって、農業をはじめ医療介護、製造業、運送業などは慢性的な人手不足が現状だ。これから日本は5Gの時代を迎えるにあたって『地方でもできるようになる』仕事も出てくるし、すでにICT（情報通信技術）の活用で閑静な環境下でテレワークを求めて仕事をしている人もいる。さらにICTはサテライトオフィスの開設を可能とし、都会から企業もやってき始めている。地方という田舎には『（何も）ない』というが、『ない』ことも資源だ。たとえば、うちの町には旧国鉄士幌線の廃止に伴い、廃線跡にコンクリートアーチ橋梁群が残された。当時としては、巨大な産業廃棄物でしかなかった。でも、今では北海道遺産として人気の観光スポットとして注目を集めている。『ない』ことも人によっては価値を生むものと思っている」

最近では「Iターン」という、元々地方とは縁のなかった人たちも田舎を目指すようになってきているわけで、町長の言葉に励まされ、と同時に地方から〝逆襲〟の足音が聞こえてきそうでそれが空耳でないと信じたい。

スロー社会

「都会と地方は対極にある」

町長はこう言う。そして、

「都会も地方もそれぞれ役割があり、地方は豊富な地域資源を使って都会にないものを提供することで、共存共栄の関係を持つことができるんだ」と。

つまり、地方には地方なりの生き方があり、無理に背伸びしてまで都会化を目指す必要はないし、そうしたことで生まれるものに大きな期待はできないというのだ。むしろ目指すのは「都会のスピード社会と地方のスロー社会の共存共栄」だという。

「東京は24時間365日、経済も政治も動いており、〝時間〟を追い越すような生き方の社会であり、そうでもしなければこれからも国際社会でやっていくのは難しい。一方、上士幌は〝時間〟と共に生きる社会だ。つまり、春に種を蒔いたら一定の期間がないと収穫はできない。早く育てようと水を撒き過ぎれば作物はだめになってしまう。要するに促成栽培的生き方を強要しないことだ。この対極にある都会のスピードと上士幌のスローが互いに引きつけ合い、人と物の交流が起きた時、町は元気になるんだ」

たとえば、地方の雄大な自然や時間をかけて収穫される新鮮な食物は、スピード社会で揉まれ心身ともに疲労した都会人を癒すに十分である。対極にある者同士がお互いの「ある」と「ない」を提供し合いながら交流を続けることで、活気溢れる社会を持続することができるというのである。

こうして都会と地方の交流が生まれると、移住者でも観光客でもない地域と多様に関わる人ができてくる。たとえば、姻戚関係等その地域に縁がある人やふるさと納税者、それに都会で暮しながらも町と協働して地域の課題に取り組んでいる人たちであるが、これらの人は「関係人口」と呼ばれ、町の人口にカウントされなくてもこの「関係人口」を増やすことも町の活性化につながると町長は考えている。

「1000万人の東京都民のうち一万分の一、千人でもいいから、上士幌に関心を持ってもらうことができないか。それができれば町は元気になるわけで、その方法の知恵を出すのが行政の責任だ」

無い物ねだりで背伸びすることはない。今あるがままの町の特性を活かすことで「地方創生」は十分可能だというのである。

しかし、理屈通り簡単にいかないのが政治であり、実際、地方は疲弊している。

地方創生待ったなし

「今の東京への一極集中は歴史的にみれば必要だったのかもしれない。江戸時代にはおよそ三百の藩があり、独自の文化が育まれた自治が行われていた。しかし、明治に入り、日本が世界と対等に向き合うためには東京に機能を集中させる必要があったのではないだろうか。自分ごときが歴史の上っ面だけを見てこう言うのも大変恐縮だが、そんな風に思えてならない」（町長）

それから150年の間、日本は戦争を挟み、一時、経済活動にストップをかけられ、しかもほとんど国の再生不能をも思わせる大きな痛手を被ったが、それでも日本は世界に例をみない復旧復興を果した。そして、宿題の一つとして残されたのが東京一極集中と地方の疲弊に伴う地域間格差だ。いわゆるこれは人口問題に付随してくるさまざまな問題だが、もはやこれ以上、問題解決の先送りをするわけにはいかない。「地方創生待ったなし」が突きつけられている。竹中町長も地方の首長の一人としてこの問題に危機感を抱いていた。

「地方への人の流れを再生させなければ日本はおかしくなってしまう。地方にはそれぞれの魅力があるはずで、地方が元気にならなければ絶対に日本は元気にならない」と。

今、特に地方が頭を抱え、解決を急がれている人口減少の問題であるが、少子高齢化が進む日本全体の問題でもあり、このままの状態が続いていくと全国1743もの市区町村の半数にあたる自治体が消滅するという報告も上がってきた。

産業界や学界の有識者らで国のあり方を議論する「日本創成会議・人口減少問題検討分科会」(座長・増田寛也)が2014年に発表した推計によると、全国900近くの自治体で、子供を産む人の大多数を占める「20～39歳の女性人口」が2010年からの30年間で5割以上減るという。これらの自治体は「消滅可能性都市」と位置づけられ、将来消える可能性が指摘されている。つまり行政サービスがたちゆかなくなる可能性がある

竹中貢 上士幌町町長

からというのだ。

実際、死亡数から出生数を引いた自然減も、転出者数から転入者数を引いた社会減もほとんどの地方で止まることを知らず、仮に出生率が少々改善しても流出する人口に歯止めがかからなければ消滅の可能性は依然として残されたままである。座長の増田は危機感を募らせながら、「首都圏への転入者の95％が29歳以下」というデータをもとにさらに警鐘を鳴らす。

「出産に最も影響のある世代を集める東京が結婚、出産、子育てに向いていない。この構造を正さなければ人口減は抑制できない」

その上で、企業の地方移転や移住者向けのお試し暮しや町の中心部に機能を集約するコンパクト化の推進を打開策に掲げた。

「地方創生が成功するかどうかは各自治体のアイデアにかかっている。いかに地域の資源と人材を結びつけるかがヒントになってくる」

町が消滅するということは会社にたとえていえば倒産である。いや、そのまま二文字を解釈すれば〝消えて滅びる〟わけで、それ以上の悲劇かもしれない。けして住民が財産を没収されて路頭に迷うことはないし、生命を脅かされることはないが、自分が生まれ育った故郷がなくなるわけである。想像するだけで寂しさがこみ上げてくるし、これほどショックなことはない。

まさに今、地方に、そして日本に「地方創生待ったなし」が突きつけられたのである。

ちなみに、上士幌町も「消滅可能性都市」に名を連ねていた。

第2章

上士幌という町

人より牛が多い町

かつては林業の町だった。

日本一広い大雪山国立公園の東山麓に位置する上士幌町は雄大な山々に囲まれ、町の総面積696・00㎢の約76％が山林地域にあたる。中でも十勝三股地区はその中心で、旧国鉄士幌線の「十勝三股」駅もあり、北海道内の停車場としては最高地点（当時、661m）に位置する森林鉄道の要であった。営林署が駅裏に土場を設けて木材が山と積まれ、そこから本線まで敷設し木材を貨物にし、森林鉄道も走る地区として賑わっていたのだ。

上士幌町は昭和30年代前半に人口がいったんは1万3600人余りのピークをむかえ、十勝三股地区だけで2000人もが暮らしていたが、国の産業構造の変化から林業は衰退を余儀なくされ、同時に鉄道の廃止と人口の流出で町全体が人口減少に転じていった。

一方、奇跡的な戦後復興を遂げた日本の首都東京はというと高度経済成長が始まり、オリンピックの開催も決まり、地方から仕事を求め、または新しい日本の将来に夢を託した若者たちが日本全国から大挙して流れて来た。

上士幌町は生き残りをかけ、これまでの林業から畑作を中心とした農業へとシフトを始めていた。土壌や寒冷な気候の関係から稲作よりも畑作を選択するしか生きる道はほとんど残されていなかった。「上士幌町農業協同組合（JA上士幌）」の小椋茂敏組合長は当時の模様をこう回顧する。

「現在、組合員は157戸ですが、当時、一番多い時で600戸と三倍以上の農家がありました。その代わり各戸とも10~15haの小規模で、じゃがいもやビート、豆類が主流です。十勝地区は今でもじゃがいもや小豆など日本の一大生産地ですが、上士幌はその十勝の中でも北部の山間に位置するので他と比べると気温が2~3度低く、そもそも農業をするにはハンデを覚悟しなければなりません。上士幌から帯広までは距離にして40kmかそこらですが、一年を通じて2~3度も積算温度が違うと農業にとっては大変なことで収穫への影響も小さくありません。今は地球の温暖化が大きな問題とされていますが、ここでは昔、冷害が頻繁に襲ってきていたんです。ひと度大きな冷害に遇うと作物への被害は甚大で、下手すりゃあ全滅ですよ。毎年毎年繰り返されるそんな冷害との〝戦い〟にほとほと疲れ果て離農して町を離れる人や、後継者問題を抱えて仕事をたたまざるを得なかった人も少なくありません。それでも冷害に負けない品種の改良や研究や対策も進み、農家の人たちはこの土地で頑張ってきました。またその一方で、酪農へとシフトする農家も増え始めたんです。気温や天候に大きく左右されず、元々ある広大な土地を活かして、今日、町の基幹産業にまで成長して一次産業を支えるまでになったんです」

小椋組合長自身も高校を卒業後、よその町でいったん酪農修業をし、3代目として家業を継いだが、祖父の代は畑作とトラクター代わりとなる農耕馬を飼育していた。父の代に途中から、畑作から酪農に転じていた。

「乳牛です。今、町で農業に携わるもののうち71戸が畑作専業ですが、あとは乳牛、肉牛の畜産です。生き残りをかけて農家はそれはたいへんな苦労を重ねてきましたが、今では北海道で一番大きな農業法人も生まれ、上士幌町の酪農の生産高は全道でもトップレベルになりました。一戸あたりの生産高も全国平均以上で群を抜いています」

林業の衰退、冷害と向き合いながらも粘り強く畑作を支え、そして酪農も発展させて町のシーンが一変した。現在、町には4万頭の牛がいる。人口が微増ながらも増加し、全国の自治体からすれば〝あり得ない社会現象〟と驚かれている上士幌町だが、牛もさらに増え続けている。

しかし、つい3年前までは人口は減少を続け、町の将来に対する不安はいつもついてまわっていた。

合併か自立か

1995(平成7)年、地方分権一括法による合併特例法が改正された。「平成の大合併」に向けた布石が打たれたのである。

2000(平成12)年には、政府から「基礎的自治体の強化の視点で、市町村合併後の自治体数を1000とする」との方針が示された。この時点における自治体の数は3252である。

政府はこの中で全国の自治体に対して合併特例債を中心とした手厚い財政支援を約束した。地方債の一つである合併特例債は対象事業費の95％に充当でき、元利償還金の70％を後年度の普通交付税によって措置されるという、国は自治体に対し破格な好条件を出して合併を促したのである。

その一方で、三位一体改革による地方交付税の大幅な削減も突きつけていた。地方交付税への依存度が高い小規模な自治体にとっては大きな打撃となり、これでは〝合併をしなければお小遣いを減らしますよ〟と言われているようなもので、何とか自立を続けながらも活気を取り戻そうと先祖代々から守り続けている土地にこだわる自治体にとっては悪魔の囁きだったに違いない。

まさに飴と鞭による合併推進策だが、合併か否か？　日本全国の自治体は〝生き残り〟を賭けた選択が迫られることになった。しかし、もうこうなると財政的な不安を抱える自治体はほとんど合併を選択せざるを得ない状況に追い込まれていた。

「私が町長になった２００１（平成13）年は『平成の大合併』がピークを迎えた頃だった。結局、全国３３００ほどの自治体が１７００台にまで半減していったわけだが、上士幌は合併を選択しなかった。７００㎢ほどの広さのわが町は東京23区にプラスアルファしたくらいだが、それが他の市町村と一緒になると、1000㎢を超えてしまう。合併の目指すところは行政コストの削減にあると考えると、これだけの広さを治めていくには住民サービスの低下や地域の衰退にもつながりかねない。そう簡単には合併に応じるわけにはいかなかった」

人口5000人の町がどう生きていくのか。町は町民と議論を重ね、財政シミュレーションをしながら将来のビジョンも作り上げ検証をしてみた。

「合併は結局、〝城取り合戦〟みたいなもので、城がどっちの町にいくかの判断が大事なところなんだ。それぞれの庁舎はどちらが本庁で支所になるかだ。支所になった方は最初のうちは職員の規模もそれなりに配されるだろうが、時間が経つにつれて減っていき、それに合せるかのようにその地域も疲弊していくのが目に見えている。要は合併は城下町になれるかどうかの選択でもあり、本庁をどん、と構えることができれば合併を考えても構わなかったかもしれないが、だいたい対等合併なんてありえないんだ。たとえば、中核になる市街地が2つあるわけで、合併後はいずれどちらかに流れることになるから誰の目にも明らかになる。財政的支援という言葉に踊らされてはだめなんだ」

合併後に生じるだろう〝後遺症〟を思えば、踏み出すのは難しいことだったという。また、もう時代は経済が右肩上がりの時代のような、行政が町民にサービスを提供するという一方的な関係はもはや成り立たなくなっていた。

「右往左往してはだめだ。すでに町の将来像も描いていた。経済、環境、住民参加のボランティア、都市との交流、そして観光とそれぞれが目指す姿だ」

結局、上士幌町は政府からの提案に「NO」で応え、自立の道を選ぶことになったが、これまでの地方交付税は期待できないわけで、その道は決して生易しいものではなかった。

しかし、議会も町民も新たに自立の道を歩み始めることに異存はなかったものの、町長にのしかかろうとしていた責任は重い。まだ「ふるさと納税」は構想すらも浮び上がっていない。誕生してまもない竹中町政に突きつけられた課題は小さくなかった。

早速、取り組み始めたのは、財政の縮小による町民サービスの低下を防ぐための担い手を募ることだった。町長は町民のまちづくりへの参加を従来にも増してより一層必要なものと考え、まちづくりの担い手としてボランティアやNPOの活動を支援し、その結果、アダプト・プログラム（市民と行政が協働で進める新しいまち美化プログラム）の活動なども生まれるようになったのだ。

5つの将来像の一つに描く「都市との交流」も進め始めた。人口が減っても経済を活性化させるためには交流人口や観光客の受け入れは重要で、移住政策の推進に奔走することになった。

町ではすでに自治体としていち早くツイッターやブログも取り入れた。ブログは全国2番目の早さで、町長自ら毎日のように投稿を続け、町のPRを買って出ていたのだ。ちなみに、30年前の教育委員会時代には、当時まだ世に出たばかりのワープロを手にし社会教育計画を冊子にまとめてもいたこともあったからか、こうした町長の発信力とこだわりには凄まじいものを感じさせた。

「お金がたくさんなくても地方であれば豊かに暮らせる」との情報発信を中心にし、「経済」としての農業については農産物をそのまま出荷するのではなく、付加価値をつける6次産業化などを通して商品開発の奨励もすでに着手していた。後に、「ふるさと納税」の成功に大きく繋がっていく政策の一つであった。

そして、この移住や物販におけるターゲットと考えたのが上士幌のような〝農山村〟

と対極にある都市住民だった。都市とをつなぐツールとしてICTを積極的に活用した。このように時間をかけて取り組んでいった「ひと」「モノ」「ICT」の3点セットもまた「ふるさと納税」につながる要素だった。

数字で見る上士幌の人の流れ

ちなみに、まず上士幌町が「ふるさと納税」で受けた寄付金は、大きく弾けて全道1位の2013（平成25）年が、「2億4350万円」（寄付件数1万3278件）。全国3位に躍り出た2014（平成26）年が、「9億7475万円」（同5万4648件）。初の2桁の全道3連覇の2015（平成27）年が、「15億3655万円」（同7万5141件）。最高額を示した2016（平成28）年が、「21億2482万円」（同9万5183件）。返礼品は寄付金の3割というルールを愚直に守った2017（平成29）年が、それでも「16億6693万円」（同8万8116件）だった。

全国の自治体が軒並み総崩れで人口が減少する中、増加を見る上士幌町の人口推移だが、半世紀以上にわたって最初は雪崩の如く、そしてこの10年は階段を一段ずつ降りるように人口が減少を続け、東日本大震災の起こった2011（平成23）年の「5153人」から2013（平成25）年には「5012人」と5000人割れをなんとか踏み止まったが、2015（平成27）年2月末には最低の「4879人」まで落ち込んだ。しかし、翌2015（平成27）年4月から開始された保育料の一部無料化などもあり「4944人」にまで持ち直した。そして2016（平成28）年4月から保育料の完全無料化が開始されるや一転、降りてきた階段を一段ずつ昇るように増加に転じた。2018（平成30）年4月には「5000人」と〝大台〟を回復し、さらに〝一段〟ずつ昇り続け、その数は毎半年で30人程度である。

自然減が避けられない中で、それを上回る社会増という異例の現象が起きている。例えば、平成28年社会増72人、自然減41人、人口増31人。平成29年社会増101人、自然減30人、人口増72人。平成30年社会増62人、自然減50人、人口増12人。その内訳で注目されるのが、若い世代の転入による社会増と首都圏からの社会増である。転入者全体で20代、30代、40代が占める割合は平成28年84・3％、平成29年83・8％とかなり高い数字となっている。若者の転入で、高齢化率も若干ながら下がり始めた。首都圏からの社会増は、２０１６年〜２０１８年（平成28年〜30年）で80人。合計特殊出生率も２０１７年（平成29年）１・７人と徐々に上がり始めた。

移住定住、これを役場の移住担当のワンストップ窓口経由の移住者に限ってみると、それまでほとんど一桁で推移していたが、２０１３（平成25）年に10組21人をはじめとして、９組15人、６組14人……２０１７（平成29）年は９組21人と安定して２桁で実績を上げてきた。

参考までにその予備軍であるお試し住宅で生活体験した人は、２０１３（平成25）年が36組１０２人で、以降、37組94人、42組83人、63組１５１人、56組１５７人とこれからも上士幌町の人口増加をうかがわせる数字を示した。

上士幌にはこのような数字では表しきれない資源がある。

自然、産業、観光とそれぞれの資源は北海道や日本、世界にも通じる規格である。せっかくの資源も活かし方一つで輝きが違って見えてくるが、次に紹介するそれらの資源は「ふるさと納税」以降、さらに多くの人にふれ、新たな存在感を放っている。

バルーン（熱気球）のふるさと

１９６９（昭和44）年、日本で初めて熱気球が北海道で飛行した。

後に「日本気球連盟」が発足し、その翌１９７４（昭和49）年には「第1回熱気球フェスティバル」がここ上士幌で開催され、１９７６（昭和51）年の第3回には国内初となる熱気球による競技大会も行われ、これらのことから上士幌町はまさに〝バルーンのふるさと〟として熱気球ファンの間で親しまれるようになったのである。

２０１８（平成30）年8月、「北海道バルーンフェスティバル」として開かれた大会は45回を数えることになり、日本全国の愛好家クラブや大学のサークルら35チームが市街地から西に２km離れた、今や〝バルーンの聖地〟とも言える「上士幌町航空公園」に集結した。

会場には競技に参加するチームのメンバー以外にも多くのバルーンファンらが道内外から押し寄せ、十勝の大平原を舞台に十勝晴れの大空に繰り広げられる一大スペクタクルは、十勝の風物詩でもある。この時5000人の町が数倍に膨れ上がる。

会場には十勝が誇る食材を使った露店も軒を連ね、名産品のお土産の販売や手作り工芸体験もでき、家族連れも目立つ。上空に浮ぶバルーンを下から眺めるだけでなく、実際に搭乗し、地上30mから大地を見下ろす醍醐味も体験できる。バルーンのバスケット（ゴンドラ）の中でバーナーの音や熱気を感じながら空を飛んでいる非日常の世界は、都会のアミューズメントパークと比べても勝るとも劣らない大スペクタクルだ。

町が所有するバルーンの一つ『上士幌3号』はバスケットに乗降する扉が開閉式で、車椅子のままでも乗り降り可能で誰にでも優しい。

3日間に及ぶこのイベントのメインは「タスクフライト」（競技飛行）だ。上空のバルーンから「マーカー」と呼ばれる砂袋を投げ落し、地上のターゲットにどのくらい近づけるかを競うものである。

夜間に催される「バルーングロー」は必見である。

アクティブな日中の競技とは対照的に、幻想的な世界が降誕するのである。夜の帳が下りた広い会場いっぱいに並ぶそれぞれのバルーンにバーナーから勢いよく赤い炎が吹き込まれると、カラフルなバルーンは真っ暗な世界でそれぞれがさまざまな色彩を放ち、

上士幌町の大空にカラフルな
バルーンが舞い上がる。

光の世界を創り出すのである。さらにそこで流される軽快な音楽に合せてバーナーの炎がコントロールされ、暗い帳のスクリーンに映し出されるシーンが次々と変わっていく。20分近くにわたって繰り広げられるこの光のファンタジーショー見たさにこの日を待ちわびるリピーターが増えている。

都会のクリスマスの夜を演出し彩る緻密なイルミネーションにはない迫力に圧倒されるはずである。

冬場にも上士幌ではバルーンが空を彩る。

「上士幌ウインターバルーンミーティング」では青く澄みきった空と雪で真っ白になった大地をキャンバスにしてバルーンが飛行曲線を描いていく。気温が氷点下20度の極寒の下、ダイヤモンドダストがチラつく中でのバルーンは、北海道十勝ならではのシーンである。

上士幌の中心街を横断する大通りは、飲食店や金融機関、郵便局、スーパー、美容室等が通りを挟んで居並ぶ町のメインストリートである。バスも運行する町の大動脈の一本だ。夜の帳が下りると、辺りは真っ暗になる上士幌だが、この通りだけは洒落た街灯

WELCOME
KAMISHIHORO
商店街
WELCOME
KAMISHIHORO
商店街

が等間隔に並んで道を照らし続ける。街灯をよく見ると、電灯を包む部分がバルーンの形に施されているのだ。また、マンホールの鋼鉄の蓋に彫られているのもバルーンである。バス停もだ。他にも、バルーンのイラストの看板が町のあちこちで見受けられる。このように上士幌では、夏冬のバルーンフェスティバルの時以外にも空ではないが、〝バルーン〟が舞っているのだ。

まだまだある。町長の名刺も町の職員の名刺にもそれぞれ違ったカラフルなバルーンが彩られていた。

上士幌はバルーンの町である。

日本一広いナイタイ高原牧場

上士幌には日本一広い公共の高原牧場がある。

東京ドーム358個分にあたる1700haを誇る町営牧場は、そのスケールの大きさから「まるごと北海道ナイタイ牧場」の愛称で呼ばれている。

ナイタイ
高原牧場

ふるさと納税ありがとう!
ナイタイ高原
うまいっしょ! 十勝ナイタイ和牛

牧場となっている山のなだらかな斜面には２０００頭以上に及ぶ乳牛が放牧されているが、そのほとんどはホルスタインである。空に向かって延びるドライブルートを走って頂上を目指す。標高８００ｍのそこから見渡す十勝平野の絶景はおそらくここの高原でしか味わうことができないだろう。

裾野にまで向かって広がる牧場は、まるで地平線に続く緑の絨毯で、そこでのんびりと贅沢に草を食む牛がいる。野生の鹿も時折、見かける。この壮大な自然を目の当たりにすると、たまった疲れもストレスも一気に吹き飛んでしまう。まさに癒されるのだ。

絶景のここに、２０１９年春には、新装「ナイタイテラス」がオープンする。テラスでは、上士幌特産で「ふるさと納税」で人気になっているA５ランクの最高品質の「十勝ナイタイ和牛」やフレッシュで濃厚な牛乳で作ったソフトクリームやジェラート、もちろん牛乳、それに新鮮な地元食材の品々が、至福の時を約束する。上士幌の自然資源と観光資源、それに産業資源も詰まった立ち寄り必至のスポットである。

そしてNHK朝ドラ１００作目（２０１９年４月）『なつぞら』は、十勝開拓とたくましく生きる主人公（広瀬すず）の物語が放送される。２０１９年の十勝は要チェックだ。

癒しのぬかびら源泉郷

1919（大正8）年、大雪山の原生林の中で温泉が発見された。開湯100年になる。

まわりには鬱蒼とした原生林に囲まれた糠平湖がある。人造のダム湖とは思えないほど東大雪の自然と美しく調和し、そんな自然の中に栄えた温泉地が「ぬかびら源泉郷」だ。

湯量が豊富な源泉郷で、各温泉旅館やホテルでは源泉掛け流しが楽しめ、またいずれの露天風呂でも湯に浸かりながら四季折々の自然が織りなす風景に出逢える。

開湯100年、ぬかびら源泉郷の新たなステージに嬉しいニュースが入ってきた。「旅する日本プロジェクト」が主催する、温泉総選挙2018のリフレッシュ部門で堂々の1位を獲得したのだ。

温泉から周辺に目を移すと秋の紅葉シーズンは北海道でも有数の絶景に恵まれ、糠平湖の湖面に映し出される山々の天然カラーは自然が作り出す芸術だ。湯に浮ぶ落葉の鮮やかな紅や黄に目も癒される。

ここはアウトドアのスポットとしても脚光を浴びていて、初夏から秋にかけてはカヌーやサイクリング、登山に森林浴も楽しめる。

川ではニジマスや、やまべが釣れる。清流でなければ生息しない魚たちだ。

冬は厚い氷の張った糠平湖上でのわかさぎ釣りだ。多い人で1日で200〜300匹も釣り上げるが、釣り糸を垂らすだけで高等な技術を使わずとも、誰でも釣り上げることができるのがわかさぎで、家族連れでも十二分に楽しめ、釣ったあとのお楽しみとして戦果を天ぷらにしていただくと、冷えきった体に英気がもどり、皆、笑顔になれるはずである。

2018年の夏には「ぬかびら源泉郷温泉公園」で足湯（無料。冬は休業）がオープンした。散策中にちょっと立ち寄り、鳥のさえずりだけを耳にしながら原生林に抱かれ、ホッとひと息つく。幸せの瞬間だ。

ぬかびら源泉郷から北に約20キロ、白樺林に囲まれた道を快適にドライブしていると三国峠に到着する。原生林の眺望は日本遺産（2018年）に指定された絶景が広がる。

ちなみに、「ぬかびら」とはアイヌ語で、「人の形をした岩」という意味である。神秘的なものを感じさせる。

山の旅籠
山湖荘
源泉かけ流し
山湖

北海道遺産のコンクリートアーチ橋梁群

かつて上士幌町にも旧国鉄の士幌線が走っていた。

町民の足としてだけでなく、伐り出された木材を運ぶ森林鉄道としての役割も担う北海道内でも要の鉄道だったが、姿を消してもう30年以上が過ぎた。

廃線跡に残されたのは、鉄道橋としての使命を終え、産業廃棄物然としたコンクリート造りのアーチ橋で、市街地からはかなり離れた山岳森林地帯にあり、大自然の中に置き去りにされた恰好になっていた。処分するにも相当な費用がかかり、〝厄介モノ〟視されていたのだったが……。

今は近代産業遺産として上士幌町だけならぬ、北海道遺産としても注目を集めている。山、湖、森林、植物、野生動物等の自然や歴史的建造物等々も含めると、写真の被写体としてはそれこそ数えきれぬほど恵まれた北海道だが、その中から北海道を象徴するシーンとしてここが観光ポスターとして度々使われている。特に、鉄道ファンからすれば歴史的鉄道遺産として憧れだ。

「旧国鉄士幌線コンクリートアーチ橋梁群」。

北海道を南北に貫く国道273号に並行して見かける橋梁群だが、古代ローマ時代の水道橋を思わせる高架橋である。中でも、タウシュベツ川にかかるタウシュベツ川橋梁は〝めがね橋〟の通称で呼ばれ、糠平湖の水かさが増える6月頃から湖面に沈み始め、8月頃には完全に湖底に沈んでしまう。水かさが減る1月頃から再び凍結した湖面にその姿を現すため、「幻の橋」ともいわれる。

国道沿いに展望台があり、そこから全貌を楽しむことができるが、近づいて見たいとなると有料ガイドツアーが案内してくれる。橋梁が水没している時や湖面から姿を現した時にはまわりの大自然にも演出され、その神々しさに思わず言葉を失ってしまう。

上士幌が世界にも誇れる産業遺産であり、観光資源だ。

タウシュベツ川に幻の橋が姿を現す。

生涯学習のまち

1989年（平成元年）上士幌町は、北海道で初めてとなる生涯学習に関する条例を制定した。「いつでも、どこでも、だれでも、なにからでも」学ぶことができ、学んだことが評価されるという生涯学習社会を目指すもので、学歴社会に対する大きな教育改革であった。国は生涯学習社会の普及啓発に向けて国民的なイベントを開催した。上士幌町も参加した幕張メッセを会場とした、「第1回全国生涯学フェスティバル」は人であふれた。以来、上士幌町は、学校・地域、子供から高齢者まで町が一体となって生涯学習に取り組んだ。今も続いている「農商工生涯学習まつり」や「生涯学習フェスティバル」「生涯学習ラリー」「こども冬まつり」などは、町の年間行事の一つとして定着している。

子供から高齢者まで一堂に会した「町民ふれあいコンサート」は、圧巻だった。小中高ユース吹奏楽団、女性コーラス、シルバーコーラス、など世代を超えた音楽の祭典は、感動をあつめ町民の心を一つにした。

生涯学習でまちづくりに大きな影響を与えたのが、町と九州の大学が連携した「タウンカレッジ」であった。15講座（各90分）夏休み期間中に前期と後期に分けてそれぞれ行われたのである。全国から４００人もの受講生が集い、上士幌町の5日間はキャンパスと化した。タウンカレッジ最大の成果は、講座がきっかけとなって「地域の宝探しの会」が誕生し、今や観光スポットになっている鉄道産業遺産の保存活動において中心的な役割を担っていくことになる。

平成6年には生涯学習の事業を体系化した生涯学習カレンダーは「全国自治体広報カレンダー」部門で最優秀賞を獲得するなど、生涯学習のまちとして高い評価を得た。

「大学を出たから人生のすべてが決まるものでがなく、要は社会に出てから一体自分に何ができるのかが大事で、それには学ぶことの大切さがある。ボーッとしてたら何も生まれない。それでは実にもったいない。誰でも生き生きと悔いのない人生を送っていくためには学び続けることが必要だ」

何も今さら学校へ通って高等教育を受けなければならないというのではない。農作業や暮しの中でもその道の専門家や達人にうかがい、また本を読むことで知識を得ることもできる。それを実生活で活かしていくことで生きがいを感じることができるという。

学んで得たものは経済活動にだって結びつくし、そうして一人一人が生き生きと暮らすことで、結果として町全体も元気になると町長は考えている。

当時、急激な社会の変化に対応するためと生涯学習の観点に立って「リカレント教育」が国策として重視されていた。長い年月の中で色あせていた政策が、今、人口減少、少子高齢社会、人生１００年時代を迎えるにあたり再び「リカレント教育」にスポットが当たってきている。

第3章

ふるさと納税

自由な気風の職場

「すべての人に等しく与えられている一日24時間のうち、おおよそ3分の1が仕事で、残りはフリータイムや睡眠などの生理的な時間だ。一日8時間は長い人生からすると微々たるものだが、生涯労働時間になると相当な時間になるはずで、日々、自分らしく仕事に向き合うかが大事だ。価値ある人生を送るために仕事で過ごす時間を大切にしてほしい」と竹中町長は話す。

こうした考えのもとで職員が積極的にやりたいことを提案してきたら、誰であろうとも頭から否定することはほとんどなく、『じゃあ、やってみろ』とチャレンジさせるのだ。もちろん、これにはKPI（数値目標）とPDCA（計画・実践・評価・改善）でチェックが図られるが、結果次第では新しい事業が創出されることにもなる。まるでベンチャー企業の社長さながらであるが、これは職員のモチベーションを高めるのはいうまでもない。旧態依然の上下関係のピラミッド型社会に辟易としている若い世代には歓迎され、彼らの能力を引き出すことにもつながっているはずだ。

役人というと、総じて慎重で成功することよりもまずは失敗しないことを優先し、敢えてリスクをおかしてまで攻めようとはしないイメージで捉えられてきた。特に、首長や上級公務員の中には「可もなく不可もなく」と無難に任期期間を過ごすことを心がける御仁が少なくないように聞くが、町長はそういう発想を言下に否定し、時には課の幹部を飛び越えて直接現場で任に当たっている若い職員に声をかけて進捗具合を訊ねることもある。頭を越えられた幹部らからすると組織としての手続き上、秩序を乱しかねないフライングかもしれない。しかし、スピード感と、情報が歪んで伝えられる恐れはなく有効である。

こんな計らいを粋に感じ、下に仕える者の中には臆することなく積極的に仕事と向き合おうとする元気者が現れてくる。

まったなしの「地方創生」、自治体の知恵が問われる「地方創生」や「ふるさと納税」を機に、町の職員の意識が変わったことは間違いないだろう。

「機を見るに敏」

町長は「機を見るに敏」で、後述する「ふるさと納税」への対応もそうだが、行政の長として他に先駆けてさまざまな政策を提案し実行してきた。「一番」が好きなようだ。発想や動き出しの速さに必ずといっていいほど「町長は民間出身ですか?」と口を揃えて言う。ずっと町の教育委員会畑を歩いてきた上士幌町のプロパーだが、町長がやってきたことを挙げ連ねていけば、そんな反応を示すのも納得がいく気がする。

たとえば、2004(平成16)年。上士幌町は総務省が提唱する「地域再生マネージャー事業」に北海道内で唯一採択される町となった。他、日本全国で11の自治体も採択されたが、上士幌町はその中から国内第一号に選定されたのだ。

これは内閣府の地域再生計画の一環で総務省が新設した事業であり、産業や観光振興などのノウハウを持つ民間企業の人材を自治体に派遣し、官民協働で地域再生を図ろうというものだ。国が事業費の3分の2(上限1千万円)を助成し最長3年まで継続できる。選定された上士幌町にとっては大きなチャンスが訪れてきたのだ。

上士幌町はぬかびら源泉郷やナイタイ高原牧場、それに北海道遺産でもある「旧国鉄士幌線コンクリートアーチ橋梁群」など多くの自然資源や観光資源、産業資源にも恵まれ、地域再生の可能性を秘めていることが選定の理由とされ、早速、具体的振興策の一つとして〝花粉症疎開プラン〟を挙げた。

山々に囲まれ多種にわたる植物も咲き誇る上士幌町だが、スギ花粉は一切飛散しない。そんな自然環境を利用したツーリズムだった。つまり、本州でスギ花粉が大量に放出される2～4月、都会でスギ花粉に悩む人たちに、ぬかびら源泉郷に〝避難〟してもらい、そこで快適に長期滞在しながら大学の協力を受け、免疫力などの効果測定を実施するというヘルスツーリズム、リトリートツアーである。当時、健康と観光、ヘルスツーリズムの商品価値や認知度が低く商品化は限られていたが、上士幌の取り組みをきっかけに旅行会社や観光関係団体等により、ヘルスツーリズム研究会の立ち上げへとつながった。

「地元ではわからない客観的魅力や、そこから生まれるストーリーにどんな可能性があるのか。町として守るべき産業や自然、環境などのイメージを伸ばしつつ、都会との交流人口の増加や新たな雇用の創出につながればいいと思った」

このアイデアの根底にある町長の「地方創生」に対するスタンスを示す言葉だが、中でも「都会との交流」は彼自身が強く意識する「地方創生」にとっての重要なキーワードであり、その後も政策の随所に見え隠れする着眼点になっていた。

こうして上士幌が初めて外部からの人材を町に受け入れた経験は、そのまま「地域おこし協力隊」導入へとつながっていった。この「地域おこし協力隊」も総務省の事業の一環だが、過疎や山村地域において外部からの人材を誘致し、その定住・定着を図り、そのまま地域の力として活躍し寄与してもらう取り組みである。

２００９年度から総務省によって制度化され、上士幌はこの制度を利用し、都会から専門領域を持つ人材を積極的に採用し、現有の職員では手の届かぬところを補う行政サービスの戦力としたのである。実際に採用された隊員はたとえば、ＩＴの専門的知識を有して情報通信員として町のＰＲ活動に活躍したり、都会で現役のデザイナーとして活動していた隊員も戦力として加わり、発信力を強化させた。

これが町長の言うところの「都会との交流」に大きく貢献し、「ふるさと納税」で町が飛躍する地ならしとなっていったのである。

スタートダッシュ

「ふるさと納税」制度が「地方創生」の起爆剤として〝これほど〟世間の注目を浴びて地方に多額の寄付金をもたらすものになるとは一体誰が予想しただろうか？

この制度ができた背景には、ふるさとで生まれ育ちその地域での税金の恩恵を受けながらも、いざ働き出すと都会に出て都会に納税しているという現実があった。そうして生まれた格差をなくすために住民税の1割をふるさとに還元しようという趣旨で制度の誕生を見たのだ。

たとえば、「ふるさと納税」は現在の居住地以外の自治体に2000円を超す額を寄付すれば、一定の上限額まで住民税や所得税から全額控除される。

仮に、年収700万円で扶養家族3人の場合としよう。3万9000円を「ふるさと納税」で地方の自治体に寄付をすると3万7000円が本来の税金から差し引かれる。実質的に税の一部を自治体に納税することと同じだ。現行の制度では自己負担が2000円で済む上限額は住民税の2割（制度当初は1割）で、その額は年収や世帯構成によって異なる。

町長はふるさと納税の制度を知ったとき「これはチャンスだ」とすぐに反応したが、〝これほど〟とは思いは及ばなかったはずだ。

しかし、「ふるさと納税」制度は地域が持っている資産や資源をＰＲする絶好のツールであることを信じて疑わなかった。それで職員ら町の関係者もみな気持ちを一つにし、そして制度に向き合った結果、上士幌に〝ここまで〟の追い風が吹いたのであろう。

その風にのろうと、今や全国の自治体が競い合うかのように「ふるさと納税」という米櫃の中に手を入れ始めている。趣旨をどこまで理解しているのか首を傾げたくなる苦笑ものの取り組みをするところもあり、せっかくの制度の存亡をも揺るがしかねない事態も起きている。予想すらできなかった成果を実際に生み出した制度だからだろう。

上士幌は町を挙げた取り組みが功を奏したわけだが、肝心なのは想像以上の成功に祝杯をあげて浮かれることなく、そのまま浄財を運用して町の活性化に活かし積み上げてきたことだ。さらにその成果に留まることをせずに、「地方創生」の完成に向かい続けているが、他の自治体も追い風を受けようと思えば、上士幌町にならうべきだろう。

では、上士幌町はこの制度とこれまでどのように向き合い、今後どのように向き合い続けていくのだろうか？

２００８（平成20）年に「ふるさと納税」がスタートした当初、上士幌町に集まった寄付金は５万円（１件）にすぎなかった。

しかし、２０１３（平成25）年には２億円を超える浄財がまさに〝降ってきた〟のである。以後、９億、15億と３年連続で北海道一の実績を上げ、２０１４（平成26）年には全国３位にまで伸びた。まずはここまでの成功の理由は一体どこにあったのか？

その答は、スタートダッシュに隠されていた。

上士幌町は２００２（平成14）年にＩＴ情報担当部署を創設し、２００８（平成20）年からはＳＮＳをスタートさせた。２０１０（平成22）年には「地域おこし協力隊」によるホームページの充実化も図り、さらにそのリニューアルにおいてはスマホや携帯電話への対応も行っていた。

ＩＴによる情報発信の整備がスタートダッシュの伏線にあった。

2008（平成20）年に「ふるさと納税」制度はスタートを切ったが、町としては当初はまだ寄付金に対する返礼品等の特典を設けていなかった。2011（平成23）年後半から特典の必要性を感じ、翌年に開設された「ふるさと納税」初のポータルサイトである『ふるさとチョイス』に特典を上げ、事態はにわかに動き始めるのである。

当時、制度が施行されて4年が過ぎてはいたが、まだ国民には馴染みがうすかった。そこへ「ICTを通じて地域と都会の間で人、物、お金、情報を循環させること」を社是に立ち上がった「株式会社トラストバンク」のサイト『ふるさとチョイス』が納税代行を始めたことで、一気に山は動いたのである。

「トラストバンク」の創業者・須永珠代はアパートの一室から女性一人で起業した強者であるが、「会社を興したはいいものの、さて？」と思いあぐねる日々だった。そこで目に止まったのが「ふるさと納税」制度であり、そこに大きな可能性を見出し、ポータルサイトを立ち上げることになったのだ。当時、『ふるさとチョイス』は「ふるさと納税」の代行サービスを扱う唯一のポータルサイトで、立ち上がって数カ月後には今一歩制度に踏み込めずにいた納税希望者の背中を押す結果となった。

一方、ちょうどその前後に『ふるさとチョイス』の存在を知った町長は早速、上京して須永に面会を求めた。まだサイトが始まったばかりで手探りの状態の須永の前にひょっこり現れたのである。

「生まれて初めて、〝首長さん〟という肩書の人にお会いしました。町長自ら動きまわる行動力には驚きで、ここで上士幌とご縁をいただき、『ふるさとチョイス』で地方創生のきっかけをつくることができればとお付き合いさせていただくようになったんです」

以降、上士幌町は「トラストバンク」とＩＣＴによる「地方創生」に向けた事業でも歩調を合せていくことになる（後述）。

こうした「人から人へ」だけではなく、自らの足をも使って人脈を広げ、それを仕事につなげていく才能は町長の真骨頂だった。

ポータルサイトで突破口を開いた上士幌は、『ふるさとチョイス』を活用して勢いを増し、町のホームページのフォームを入力しやすいように改善し、真っ先に寄付金のクレジット決済も導入し、居並ぶ自治体の群から一気に抜け出していくのである。

特典となっている町の特産品に関しても、その開発のために生産者へ補助金を準備して官民一体でスクラムを組んでいた。

2010（平成22）年8月には町の通販サイト『十勝かみしほろん市場』がすでに立ち上がっていたが、この時までのサイト運営において学習させられたことが、その後の大ブレイクにひと役もふた役も買うことになった。

たとえば、生産者らは通販サイトに並べるための商品開発に取り組んでいたが、これらは後に大人気の返礼品にもなっている。「ふるさと納税」がブレイクする前から、上士幌では農産物の6次産業化が始まり、制度が弾けた時に迅速に対応する準備は着々と進んでいたのである。「ふるさと納税」が弾けた後にようやく慌てて動き出した自治体とはこの時点ですでに大きな開きがあった。これがスタートダッシュの舞台裏だ。

他にも、通販サイト『十勝かみしほろん市場』を運営していくにあたって、生鮮物を発送するノウハウをいち早く学習して取り入れ、まさしく準備は万端だった。

このIT事業と返礼品開発事業の地道な努力、そして須永社長との出会いが巧く組み合わさって上士幌の「ふるさと納税」政策が実を結んでいくのである。

NPO法人 上士幌コンシェルジュ

2018年2月、上士幌町の「NPO法人上士幌コンシェルジュ」(以下、コンシェルジュ)が『ふるさとづくり大賞』(総務省主催)で総務大臣賞の団体表彰を受けた。町の移住定住の窓口として人口増加に貢献したことなどが高く評価されての受賞だった。

その「コンシェルジュ」は2010年(平成22年)、移住促進を柱に、行政と民間(町民)、それぞれの取り組み補完しまちづくりに寄与することを目的に設立した。移住定住のワンストップ窓口、生活体験モニター事業管理運営、生活体験セミナー、移住体験者に対してのお世話や心配事の相談、更に情報館としての観光案内、インターネットショップの運営、フリーマーケット「楽楽市」の企画等、多岐にわたって地域貢献活動を行っている。

町は都市との交流を図るために「モノ」を媒介としての戦略があった。つなぐのは情報通信、ICTを活用した戦略だ。ICTの先進地、和歌山県北山村のシステムを導入してホームページやブログを開設した。商品は町独自に農林商工連携事業を創設して開発に努めた。町は、「民間でできることは民間に任せる」との方針の下で、同法人に地元の特産品をインターネットショップで販売する「十勝かみしほろん市場」の管理運営業務を委託した。しかし、その2年間には期待した成果をあげられずにいた。その間、法人は独自に商品開発やラインナップなどいろいろと工夫や努力を重ねたが、売上は伸びない。年間300万円程度の売上に、移住に関する受託事業があるものの職員の給料で底をつく。こうした窮状に理事たちは自費を投じて活動資金を捻出した。

厳しい経営状況の中、田西会長を始め橘内専務理事は職員らと知恵を絞り、通販サイト上に利用者が手の届きやすい価格帯と購買意欲をそそる商品のマッチングに着目し、あらためて商品の見直しをはかってみた。これは「ふるさと納税」にそのまま提案できる商品ともなっていくのだが、ネットショップ委託3年目、事業継続の是非を判断する2013年（平成25年）年「ふるさと納税」サイト「ふるさとチョイス」の開設の翌年、テレビなどマスコミの注目するところとなって一気に火が付いた。

厳しい経営を強いられていたネットショップ、それまで苦労を重ねた粘り強い取り組みは、結果としてすでに返礼品として準備された恰好になってタイムラグを生じさせることなく寄付者へ提供することができたのである。また、その間に新たな商品開発を進める時間的余裕もでき、寄付者の目をさらに引き寄せることにもつながった。

このように道のりは平坦ではなかったが、法人の設立趣旨の一つである、官民の補完的役割を担おうとしたコンシェルジュの橋内専務理事は、「NPOというのは、行政の手の至らないところをカバーする団体だ。町の意向を汲んでネットショップをそのまま引き継ぎ、人も預り、なんとかしなければと腹を決めた」

返礼品の選定にあたっては町とコンシェルジュで話し合って調整した後、コンシェルジュが事業者と交渉をするのだが、橋内専務理事は配慮も欠かせない。

「ビジネスをする者としては競合する相手がいるのは当然のことで、町内で同じ商品を扱う事業者がいれば、商品に優劣が明白でないかぎりは競わせるのではなく、たとえば『上士幌の贈答品』としてまとめて売り出した」

このように上士幌の「ふるさと納税」の成果は、町を中心としてコンシェルジュや事業者ら「オール上士幌」がスクラムを組んで初めて生み出された賜物だった。

「人とモノとネットをつなぐ3要素を充実させたことが、いわば、奇跡の要因だった」

町長はあらためてこう振り返る。

その後もコンシェルジュは「ふるさと納税」における重要な役割を担うことになるの

である。2018年10月、総務省と全国過疎地域自立促進連盟が主催する過疎地域自立活性化優良事例表彰において総務大臣賞を受賞した。

コンシェルジュの、創意工夫を持って過疎地域の活性化に取り組み、優れた成果を上げ、先進的、モデル事例として活動を行ったことが評価されてのことだ。

特に、キャッチフレーズに掲げた「都市と農村の交流促進プロジェクト」は移住者が安心して暮らせる環境を整えるために、彼らが開催する誕生日会やフリーマーケットをフォローしたり、地元町民と移住者の交流の架け橋役となった。また、商品開発を新たにはじめ、これまでも行ってきた特産品の販売やふるさと納税返礼品の発送により、地域の特産物を活かした都市と農村の交流促進にも積極的に取り組んだからである。

コンシェルジュには本来、「移住・定住の促進」という重要なミッションもあるが、たとえば月に一度開かれる移住者の「誕生日会」は彼らの交流の場として、生活への不安やアドバイスやら各々が情報を発信し、親交を深め、より町に溶け込んでいく大切なミーティングとしてひと役買っている。ちなみに「誕生日会」の参加条件は各自が一品、手作りのおかずでもコンビニの惣菜でも持ち寄ること。ちょっとしたバイキングが展開され、移住者が楽しみにしているイベントだ。

「コンシェルジュ」の経営は、「ふるさと納税」の受託事業で安定化し、最近では廃校となった校舎の再生など、新たな地域貢献事業に挑戦している。

「結局、町というのは人がいてナンボのものだ。移住・定住と人を呼び込んでこそ政策も成り立ち、経済も活性化する。その点、コンシェルジュの役割は小さくないと自負している」

橘内専務理事はこう胸を張る。

バルーンの町・上士幌には道立の上士幌高校がある。コンシェルジュは同校の熱気球部に新しい「上士幌高校」とプリントされたバルーンを贈っていた。コンシェルジュの気配りに贈られた部員たちはさぞかし天にも昇る気持ちだったろうが、移住者もそのバルーンに癒される。まさにコンシェルジュは地元と移住者の架け橋役で、これは番外編のエピソードの一つである。

返礼品と感謝祭

「ふるさと納税」といえば、まず話題にのぼるのは寄付金への返礼品である。返礼品の魅力に惹かれて納税を始めた人は少なくないし、まずはそこを入口として制度にアクセスする人がほとんどであろう。

上士幌町も返礼品に関しては寄付者の間から高い評価を受けており、リピーターがかなりを占めている。ただ、リピーターの心を掴むのは返礼品の高い価値だけでなく、寄付金の使われ方にもかなりの評価を得ている。

というのは、上士幌町は２０１６（平成28）年度にそれまでの最高額の21億円の寄付を集めながら、翌年度は16億円と5億円も減らした。これはある意味で評価に値する数字であるといっていい。この年度は総務省が行き過ぎる返礼品や本来の制度の趣旨から外れる対応をする自治体に対して厳しい警鐘を鳴らし指導をしていた。にも拘わらず、多くの自治体がそれを無視して〝今のうちにいただけるものはいただいておこう〟とばかりにフライングを犯した。金品や、寄付金の7割を越える返礼品を出す自治体もあったが、上士幌町は愚直なまでに指導に素直に従った。となれば、これまでの寄付金が他の自治体に流れ、半減するだろうことが予想され、〝バカ正直な〟と陰口を叩かれながらも上士幌町への寄付金は前年の25%減で止まった。これは返礼品だけにこだわらない、寄付金の使い方への支持を示した数字であるとみていいからだ。

ところで、そんな愚直な上士幌町の返礼品は美味いと評判である。

「上士幌町にはポテンシャルがあり、それが今まで眠っていたんだ。それを政策によって町長が笛を吹いて起こし、『ふるさと納税』制度がさらに笛の音を大きくして、皆が立ち上がらされた。『十勝ナイタイ和牛』だって昔からあり、味が変わったわけではない。認知度が低かっただけで、当時は僕らからしたら『なんでこんなに高いの？』という認識で、地元でありながら価値を知らないでいた。つまり、眠っていた資源が起こされたんだ」と企画財政課の梶達は言う。

その「十勝ナイタイ和牛」だが、上士幌で育って、上士幌で商品となったA4～A5ランクの最高級の肉だ。松阪牛や近江牛など日本全国には有名なブランド牛があるが、品質はこれらと同じランクに評価されている。ただ、生産コストはブランド牛と比べて安く抑えられている。生産から販売にいたるまで一貫して上士幌で行われているからだ。

「ナイタイ」は地域名で、地域の名と商品名が結びついた「地域団体商標登録」がされているが、これは申請してもなかなか許可を取るのにハードルが高い登録である。認知度も含めてたくさんのチェック項目があり、審査を通ったとしても、それまでには何年もの時間を要するのである。

しかし、「十勝ナイタイ和牛」は「ふるさと納税」効果か、一年で審査がおりた。他にもその効果として上げられるのが、「上士幌町」が全国にその名が知られるようになったことはいうまでもない。

ある職員に言わせると、

「それまでは『かみしほろ』と正しく読んでもらえなかったのではないか。そもそも『上士幌ってどこにあるの？』って言われてきましたから」

役場の職員の多くは地元出身者だが、最近では他の町から敢えて望んで入って来る人もいるという。「話題が豊富で勢いがある町」と、ここで働くことにやりがいを感じたそうだ。これも効果である。

「十勝ハーブ牛」はホルスタインの雌牛に黒毛和牛の雄牛をかけ合わせた牛で、餌にハーブを混ぜて食べさせて生産されたオリジナル牛だ。町内にはまさに産地直送で、美

DREAM HILL
HOKKAIDO TOKACHI
ピスタチオ

国産
はちみつ

手ごねハンバーグ

よつ葉
北海道十勝100
スモークチーズ
チェダー
ゴーダ
豆ほろり

十勝牛
ハーブ
TOKACHI HERB-BEEF

十勝しんむら牧場
クロテッド
クリーム
はちみつミルクジャム
十勝しんむら牧場
ミルクジャム
ラムレーズン

天正金時
大豆
ドライ
135g

味しく調理し食べさせてくれるレストランもある。

他にも、返礼品に上士幌ならではの新鮮な牛乳を使って作ったアイスや蜂蜜などの食品が並ぶが、これらは生産者がそのまま提供するのではなく、商品として6次産業化して開発研究された成果であり、上士幌の返礼品にこだわる寄付者の中にはその味覚に虜になったリピーターがたくさんいるという。酪農家を支える農協の小椋組合長の顔もほころばずにはいられないだろう。

「酪農への『ふるさと納税』の影響は大変大きい。上士幌の返礼品はすべて地場産で、たとえば、肉やアイス、チーズともに酪農家が自分たちで生産し、6次産業化して商品としたものだ。『ふるさと納税』は6次産業化の足掛かりを作ってくれた、誠に有難い制度だと感謝している。これまでに出荷してきた市場の他に、新しい市場もできたわけだから。これは酪農家にとっては大きな励みで、売上げが上がっただけでなく自分たちの手で生産したものがたくさんの人に受け入れられ評価もされ、知名度も上がった。これからの生産に対するモチベーションが上がらないわけがないんだ」

確かに酪農家をはじめとした生産者はもちろん町全体にとっても「ふるさと納税」から受けた恩恵は大きく、これからも「ふるさと納税」制度で多くの寄付金を集めることのできる背景は整ってはいるが、梶はそれだけに胡座をかくつもりはないという。

「『うちの町には（返礼品として）何もないから』と、端からシラけている自治体もあると聞く。その点、上士幌町は豊かな食材に恵まれていることは確かにアドバンテージかもしれないが、今はあらゆるものが商品化できる時代で、返礼品だけで『ふるさと納税』を語ることはできないと思う。町長は『魅力ある町づくりができるか？　それに対して寄付者は関心を持ってくれるのであって返礼品だけじゃないんだぞ』と常々言っているが、町への移住までにはいたらずとも、寄付者を交流人口のターゲットとして見てきたことが他の町と大きな違いではないか。だからこそ、上士幌町はリピーターをこれからも大切にしていかなければならない。『感謝祭』がその感謝に直接応えさせてもらっている場だ」

「ふるさと納税」への「感謝祭」もこれまた上士幌町が先駆けて一番最初に行ったイベントである。行政はよその動きを観察しながら、失敗してはいけないとまわりからの評価を恐れ、他に先駆けて積極的にやろうとしないことが多いが、町長はいいと思ったら即行動に移す。一番が好きなようだ。

「一番と二番には大きな違いがある。道なき道を行く者の苦労は大きい。致命的な失敗をしてはいけないけれど、うまくいかないこともある。しかし、その苦労から得たノウハウはかけがえのない財産だと思っている。成功事例を参考にするのも大切だが、大事なのは苦労のプロセスを知ることだ。今、職員は自然体で新しいことに挑戦している。成功体験に喜びを感じている職員も増えて来ていると思う」

こんな町長について橘内専務理事はこんな評価を下す。

「町長はいろんなことにトライしてきたが、すべて成功しているわけではない。『まずはやってみるべ』と。多くの行政者は何もしなければ失敗がないわけで腰が重いが、町長は違う。民間では10やって5も成功したら大変なものだが、行政は『5も失敗したのか』と責められる。それを承知で果敢にトライするんだから大したもんだ」

「ふるさと納税」が町にもたらした効果は職員らの大きな自信にもつながったという。

これからは梶の言うように、継続した交流人口との付き合い方も大きな課題となる。それが試されるのが「感謝祭」だ。2018年が4回目で、第2回の時は東京だけでなく大阪でも開催された。町自慢の食材を試食するだけでなく、移住相談や町のPRも兼ねて行い、それが続けられてきた。

ところで、「感謝祭」の名称だが、第1回が「ふるさと納税大感謝祭」、第2回が

「もっと伝えたい もっと知りたい上士幌フェア」、第3回が「上士幌まるごと見本市」、そして第4回が「上士幌まるごと見本市 2018」で、この名称はすべて町長自身が考えて作ったコピーだという。「感謝祭」にかける思いはただならぬものがある。

「心がけるのは『都市との交流』だ。東京をターゲットにして関心を持ってもらい、どう向き合うかだ。人が少ないからといって隣近所から引っ張ってきて集めるのではなく、知恵もお金もそこと向き合い、対極にあることに可能性があるんだ。所詮、田舎同士がつきあってみたところで水が流れるわけではない。対極にあるからこそ、いろんな対流が起きてくる。『ふるさと納税』の『感謝祭』イベントはうちにとっても東京にとってもいい刺激になるはずで、本格的に向き合うチャンスだ。寄付者に対しての感謝と、ワクワクしながら東京を相手に切磋琢磨する。これが小さな町同士だと、『いやあ大変だなあ』とお互いの傷をなめあう形でいつまでたっても成長しない。東京とはお互いにプラスになり、刺激しあうことができるはずだ。『なかなかやるな』と思わせるくらい、メッセージを発して我々の町づくりを見てもらうということだ。東京は大きすぎてそれが見えにくいだろうけども、こちらは小さい町だから見えやすいと思う。じっくり見てもらって寄付者に十分に伝え、『寄付してよかった』とも思わせたいんだ。納得してもらえれば、それが関係人口なんだ。僕は応援人口というが」

上士幌町は「感謝祭」だけで終わらせず、『上士幌まるごと見本市ツアー』も行ったことがある。40名を1組として3回にわたって120名を町に招待し、移住を考えるヒントにしてもらったのだ。

上士幌町は「ふるさと納税」でお金ばかりか、もっと大切な何かに気づかせる足掛かりも作ったと評価を下すのは甘いだろうか。

「地元の人にはせっかくの地元の良さがわからない、気づかないことがあるもんだ。『ふるさと納税』はそういう意味で、それに気づかせてくれている。たとえば、返礼品の食材が評価され、『上士幌町って凄い！』って言われる。皆、満更じゃないはずだ」

愚直なまでの上士幌

役場内に「ふるさと納税」担当を設けたのは上士幌が日本で初めてだった。

制度発足当初は、3つの課がそれぞれの役割に応じてこなしていた。

たとえば、町への寄付行為を扱うのは本来、総務課の仕事だ。寄付者への礼状を書くのはもっぱらここで行われてきた。一家の主が亡くなり、遺族が遺産の一部を寄付される時のお悔やみと合せて礼状が発送されるが、これは今でも変わらない業務である。

返礼品を送るのは町が運営しNPOに委託しているECサイト『十勝かみしほろん市場』が任され、担当は商工観光課である。

企画財政課は全体の広報宣伝、PR、それに取材対応を担っていた。

その3つの課にまたがる対応に、町長が異義を唱えた。

「それじゃあスピード感を持って対応できない」と、「寄付の受付から広報対応までのすべてを一本化してあたれ」

結果、企画財政課に「ふるさと納税」の担当を設けて一括してやるようになったのだ。その二代目が梶だった。

「窓口を一本化したが、担当不在や企画財政課の面々が手をはなせない時でも、他の部署の者でも最低限の電話対応できるように情報を共有化した。昼休みは、職員はそれぞれのフロアの当番を除いてみな休憩に入って昼食を取りにいったん帰宅するが、企画財政課内では交代で誰か一人が残り、外部からの問い合わせに備える。寄付者の側は町に

『ふるさと納税』の件で連絡をしようとすれば、仕事の合間にあたる自らの昼休みということになるのか、この間に寄付者や寄付をしようかと考えている人からの問い合わせが多数寄せられるので、厚意に応える形でこの態勢を組んだ」

さらに、課長の松岡が課員全員（17人）に「みんなで（ふるさと納税を）勉強しよう！」と号令をかけ、勉強会も開いていた。そこでは「こういう質問にはこう答える」等のマニュアルも作成し、ほぼすべての対応が予め用意されていた。そして、納税額が2016（平成28）年に21億円にまで伸びたのだ。

この「ふるさと納税」によるドラマは全国の自治体でさまざまだろう。後手に回って準備不足で対応に出遅れた自治体の中には、〝チャンス〟への乗り遅れを挽回しようと、総務省の指導を無視した行動に出るところもあった。

そうした行動が、返礼品目当ての寄付者の射幸心を煽る法外なサービスで制度を混乱させる原因にもなったわけだが、制度の本来の趣旨は地元産のものを返礼品とし、枠も寄付の3割までとの決まりだ。これが破られ、さらに金品やよその地域の特産品を安く大量に仕入れて提供するまでに〝掟破り〟がエスカレートしていた。中には提供された商品券をネット上で転売するという破廉恥なことも起きている。

たまらず不快感をあらわにした総務大臣が自重を促す異例の会見も行ったが、こうして「良識ある対応」を求めるのは2016（平成28）年から3年連続3度目のことだった。結局、法的罰則が設けられていないのをいいことにあの手この手で「ふるさと納税」の〝米櫃〟に濡れ手を差し入れる輩が止むことはなかった。

企画財政課でもこのことが問題となっていた。年々膨らんでいるといえども「ふるさと納税」の全体のパイの大きさはその年々で決まっている。それを自治体が分け合う恰好だが、総務省の指導に従ったままならば、法外な返礼品で寄付者を引きつけようという方に逃げられてしまうのは目に見えている。危機感は募った。

「町長、このままでは今年度の実績は確実に落ちますよ」

「いや、それでも構わん。今まで通り、返礼品は3割の枠内でやりなさい」

「どんなにきれいごとを言ったって、減るのは減りますよ！　半分にまで減りますよ！」

担当者として梶は焦りを募らせた。

「構わん！　今まで通りにやるんだ！　これは大切な制度なんだ。『地方創生』のためにも壊しちゃいけないんだ！」

愚直なまでに町長の姿勢は微動だにしなかった。

予想通り、この年の勢いは最高だった前年に比べて大きく失墜していた。7、8、9月と前年比50％だった。それでも最終的にはこれまで納税し、町を応援してきたリピーターが変わらぬ対応で、16億円まで回復していた。前年比の75％だった。

「大変にありがたい。半減は覚悟していた」

梶は胸を撫で下ろすが、納税者の中には返礼品の優劣や商品的価値だけで右往左往する人ばかりでないことが証明されたのだ。

なかには第一次産業が活発でなく、豪華で垂涎の的となるべき地元の食材を提供しようにもできない自治体もある。

たとえば、寄付者へのお願いは少子化対策の一環として学校給食費の無償化の助成や貧困で十分に栄養バランスが行き届いた食事を子供に与えられない家庭への宅食支援だが、その〝見返り〟は子供たちの笑顔だ。そうして取り組む自治体もあり、「地方創生」のために制度が正常に機能し、趣旨をきちんと捉えていかないと、せっかく「ふるさと納税」制度導入で掴みかけた「地方創生」へのいい流れを止めてしまいかねない。〝みんなで渡れば恐くない〟という無責任な対応だけは慎まなければ、みんなが地方の人口減少を含む問題という難所を渡れなくなるのだ。

返礼品の〝豪華合戦〟は結局、寄付金に占める返礼品の割合が大きくなるわけで、それは行政サービスに回るお金が減ることを意味し、十分に住民に還元しきらないことをも意味することを忘れてはならない。上限3割のルールの中でどれだけ寄付を募ることができるのか、各自治体の手腕が試されるのだ。

ただ、返礼品がなくても制度を通じて熊本地震の被災地などには多額のお金が集まっており、「ふるさと納税」は日本の寄付文化を育てている面もある。上士幌町は熊本県民とバルーンを通して長年交流があることから、熊本県民からいただいたふるさと納税寄付金を見舞金として、被災地の子供にバルーンの体験搭乗のプレゼントを行った。ふるさと納税制度を持続させるためにも各自治体の節度ある対応が不可欠である。

基金創設と透明性

自治体にとって「ふるさと納税」で大切なことの一つに、寄付者からの熱い思いに応えることがある。つまり寄付金の「使い途」だが、もう一つ、「使い方」も大切であり、見逃されがちである。

たとえば、竹下内閣の時、ふるさと創生事業として全国すべての自治体に一様に1億円の地方交付金が配られた。というよりは、ばらまかれたという方が近い。そのお金を地域の振興に役立てろとの意図で、使い途はすべて自治体に任されて政府は関与しないという事業だった。創意工夫した動きが期待されたが、なかには箱ものやモニュメントの建設など首を傾げたくなるものも多々見られた。

たとえば、「日本一長い滑り台」を謳った巨大な遊具は完成3日後に日本一の座を奪われていた。「純金27キロのシャチホコ」もあったが、とりあえず作っておき、必要とあらば溶かしてしまえばいいと考えたのだろうか。「純金の鰹像」の場合は作ったものの売却し、その後盗まれて溶かされたという。ニューヨークと緯度が同じという理由で「自由の女神像」を製作した町もあった。

賢明だったのは「基金」として積み立てたところだ。いたずらに使うことなく繰り越せて、必要な時に崩せばいいわけで、上士幌町は基金にしていた。

そして、上士幌町は「ふるさと納税」の寄付金もいち早く基金を創設して積み立てた。

最初に創設した自治体である。

町は寄付金を活用した「保育料無料化」を10年間約束しているが、基金によって担保されているので、今後、かりに「ふるさと納税」が現行の姿を変え、後退することになったとしても、空手形になることはないのだ。

これは、2013（平成25）年に急激に増えていた「ふるさと納税」の寄付金の一般寄付金を財源として、2014（平成26）年に創設された「ふるさと納税・子育て少子化対策夢基金」によるものである。基金を活用する対象事業の範囲は、子育て支援、少子化対策に資するものと判断される福祉、保健、教育など広い分野にわたっている。

「町の持続的な発展のために少子化対策は優先すべき政策課題で、保育・教育・医療・障がい児対策・子育て住宅・雇用など総合的な施策の展開が必要だ。『ふるさと納税』の寄付金をもって国や全国の自治体で課題となっている子育てや少子化の課題解決に率先して取り組むことは、寄付者に対して寄付金を町づくりに有効に活用させてもらっている証として、また、感謝のメッセージになるものと基金を創設した」

町長が一貫して主張し続けてきた「地方創生」に欠かせぬ「子育て・教育・雇用」政策の重要な財源確保であった。

たとえば、基金に積み立てられた寄付金は、年度をまたいで必要とされたスクールバスの更新や図書館貸出し用のDVDソフトの購入、中学生以下の子供がいる家庭への支援などに使われた。

また、基金から上士幌小学校の1~6年の全学級で35人以下の少人数学級を実現させている。「子どもの学び充実事業」として学級を増やした学年に教員を採用して配置し、他にも体育や音楽など専門的な技能を有する学校教育支援教員も配置し、体育の向上や芸術教科指導の充実に努めたものである。

「トラストバンク」はポータルサイト『ふるさとチョイス』で行った『ふるさとチョイスアワード2015』で上士幌町を東日本の〝横綱〟に認定した。

この賞は他の自治体の模範となるような、本来の趣旨に沿った寄付金の使われ方や独創的なアイデアを独自に格付けしたものだが、その認定理由は基金を創設し、子育て支援や教育分野に寄付金を充当していることや10年間保育料無料にする町民に密着した使い途が評価されていた。

上士幌町では、もう一つ、基金を創設した。

子育てや教育の「夢基金」とは、いわば、対極を成す「ふるさと納税・生涯活躍いきがい基金」である。

2017（平成29）年5月に議会で可決成立した基金だが、町に任された一般寄付の2分の1を基金に積み立て、必要に応じて事業に活用される。これまでの実績としては、高齢者や障がい者等の外出を目的とした循環バスの運行、ひとり暮らし高齢者や病状不安の対象者宅に緊急通報用の電話機器の設置、町民の健康づくりや学びの場づくりを推進するために使われている。

上士幌町は、移住や若い世代ばかりにだけ目を向けて手厚いサービスをしているわけではなかった。こうした医療や介護、生活支援といった地域包括ケア事業に関しては、町の地域包括支援センターが中心となって社会福祉協議会、社会福祉法人、医療法人等を軸に進め、そこに「㈱生涯活躍のまち かみしほろ」が加わり、高齢者福祉の充実に取り組んでいる。

2019年（平成31年）1月、「ひとり暮らし高齢者親睦会」が開催された。

町内130名のひとり暮らしの高齢者が参加し、お互いの交流を深めるだけでなく、サックス演奏や中学生による合唱で世代間交流も図られたのである。会場には笑顔と笑い声が響く。町長は言う。

「ひとり暮らしの不安は尽きない。病、老い、そして死への恐怖や苦しみは尽きることはない」

そのことを踏まえた上で、祝辞では「いつまでも健康でいてほしい。ひとり暮らしの皆さんが寂しくないよう、住みやすくなるサポートをしたい」

さりげない言葉に強い思いが込められている。

こうした目的を持った基金からの使われ方は、寄付者の期待に応える信頼となり、その透明性がさらに共感を呼んでリピーターを増やす理由となっている。

第4章

「ふるさと納税」寄付金の行方

『認定こども園ほろん』

2012（平成24）年8月、「子ども・子育て支援法」が成立した。これによって幼稚園と保育所の良いところを一つにした「認定こども園」の普及が図られたのである。

上士幌町でも同法が2015（平成27）年4月に施行されるや、保育所に幼稚園機能を加えた「上士幌町認定こども園」の運営を決めた。これが「認定こども園ほろん」（以下、「ほろん」）である。

「ほろん」運営を決めた背景には子育て政策による町づくりがあった。とりわけ、竹中町長の子育て・教育に対するこだわりは「地方創生」に向けた最重要政策として徹底され、「ふるさと納税」の寄付金が活用され、その寄付金は基金として積み立てられ（第三章既述)、運用されている。

「ほろん」の敷地内には、手押しポンプを使って水遊びができる池や砂場などを備えた園庭が設置され、「原体験の森」をテーマに、水遊びなどの屋外活動を通じて子供の五感を養う。こうした事業へも寄付金を積み立てた「ふるさと納税・子育て少子化対策夢基金」が活用されている。

「若者が地方移住の際に最大の課題となるのは、雇用、子育て、そして教育だ。たとえば、子育てと教育に対する不安から地方に勤務する場合、家族を残して単身赴任するケースも多いという。そういった負担を軽減するための支援は重要だし、また若い世代にとっては子育て環境が整った町への移住は望むところだろうし、それを叶えて受け入れることは町の将来にとっても大切なことだ」

そのために上士幌が準備した「ほろん」は、保育に対する考え方からサービス、給食、それに環境といい、国が期待する「認定こども園」をはるかに凌ぐ施設だった。

まずは保護者が働いているかどうかに拘わらず、小学校就学前の子供に教育・保育を一体的に提供する機能と、地域における子育て支援としての相談活動や親子の集いの場の提供も行う。

ここまでは全国どこの「認定こども園」でも行っているが「ほろん」は「ふるさと納税」の使い途として、2016（平成28）年4月からの10年間を保育料の完全無料化とし、給食費も無料としたのである。さらに、幼児期から異文化交流を進めるために外国語教師が常駐し、3歳からネイティブの英語教育を施すことも実現させた。

これまでにはないさまざまな機能を併せ持つ、保護者にも子供にも嬉しい施設が誕生したのである。

こうした町の取り組みの成果は早速、人口増加に数字として表れた。開園の年が31人、翌年71人という町の人口が増加した。

「ほろん」の存在は今も上士幌町が人口増加を続ける大きな背景の一つで、園児の数も開園2015年（平成27年）当初の定員120名に対して102名だったのが、今では180名余りにも膨れ上った。このため保育園にしては広い体育館や園庭にも恵まれているものの、屋内の保育面積が手狭との配慮からこども園の向かいの役場の隣にある公共施設に0歳から1歳児用の部屋を増築させたのだ。今後、入園希望者がさらに増えても「待機させることなく、先生を増やすことになっても全員を受け入れる」と町長の覚悟は徹底していた。こうして保育教育サービスの質を維持させていくことで「雇用の創出にもつながる」というのだ。移住者の中には保育士の資格を持ち、「ほろん」で採用された人もいる。

「保育料無料」は子育て側からすれば大きな魅力である。加えて、子供の健康の向上と保護者の負担軽減を図るために高校生世代までの医療費も無料になったのだ。この魅力に引き寄せられて移住にいたった人は少なくないが、もちろん、「ふるさと納税」という財源があって初めて実現できたことである。ただ、いつまでもこれを当て込むこともできまいが……。担当責任者の松岡は「それは百も承知」と次への展開をこう語る。

「誰もが『保育料が無料でなくても上士幌に住みたいなあ』という魅力ある町づくりをしなければならないのは町長以下、我々職員に引き続き課せられている宿題だ。いつまでも10億、20億という浄財を頂き続けられるとは思ってもいない。この財源に頼らずとも、今ある町が持つさまざまな資源を活かして将来に向けてどう発展させていくか。『ふるさと納税』は直接的な恩恵を授けてくれただけでなく、その波及効果として返礼品の開発や農産物の6次産業化で町の経済を活性化させ、雇用も生み出した。すでに次のステップも生まれつつ確実に未来につながっていると思う」

上士幌町は日本で初めて「保育料無料」を実現させたわけだが、以降、これを実現した自治体はいくつかある。が、必ずしもその成果や波及効果は上士幌ほど思ったようにはいっていないようだ。上士幌とは一体何が違ったのか？　町長は言う

「子育て・教育支援だけではまだ人を呼び込むには完全とはいえない。安心して移住してもらうには、仕事と住まいも切り離して考えてはいけないということだ」

町は「ほろん」開園に先駆けて、雇用と住宅建設への周到な準備も進めていたことも見逃すことができない。雇用の受け皿となる就業先の確保や無料職業紹介所の開設、賃貸住宅建設費の助成と、「地方暮らし」を誘導するための包括的な支援を関係各所にも施していた。これらが一体となることで移住希望者は腰を上げるのだ（後述）。

上士幌町がこうして全国で初めて保育園の無料化に踏み切り、当時、全国紙のトップニュースでも扱われた。それだけインパクトのあることだったのだ。ただ、その一方で高齢者の間から「若い者ばかり手厚くしてずっと町に住み続けている俺たちはないがしろにしている」との不満の声もあった。上士幌町に限らず地方には高齢者が多い。政策は自ずと福祉に偏りがちにならざるを得ない。別の見方をすれば有権者を無下にはでき

s strive

ず、結果として政治家の公約に占める高齢者寄りの政策への比重は高くなり、若い世代がいなくなり町が消えていくかもしれないというのに、少子化対策はほとんど十分に効果をあげることができずにきた現実があった。そこへ政策としてメスを入れることの決断は勇気のいることであり、実際、上士幌は断行したわけだが、果して高齢者対策と引き換えにしたのか?

「これまでの医療・介護・見守り・住まい・健康に加え、更に発展すべく『生涯活躍いきがい基金』創設で新たに『健康ポイント』事業や『地域包括ケアシステム』の充実など戦略的に推進している（後述）……」

歩いてポイント、学んでポイント、検診でポイント

『健康ポイント』制度

高齢化社会を迎えて、国を含め地方自治体が財政上、最も覚悟をしなければならないのは医療費である。

特に、若い人よりも医者にかかる頻度が高い高齢者の多い地方にとっては国からの交付金の支援もあるが無視するわけにはいかない。

たとえば、日本の高齢化率（総人口に占める65歳以上の人口の割合）は約28％だが、これが北海道だと30％を超え、最も高い秋田県では約35％だ。さらに町村単位となるとさらに高くなる。つまり、田舎へ行くほどそれは顕著で、上士幌町もここ数年、若い世代の移住者が増えていることで高齢化率の上昇に歯止めがかかり下がったとはいうものの、依然、65歳以上の全人口に占める割合は約34％と決して低くはなく、医療費の割合もそれに伴って低くないのが現状である。

「人間は誰でも年を重ねると、どこかここか痛いところが出てくるのは当り前のことだ。病気になれば医者に診てもらうことになるが、ただ病気を黙って指をくえわえて〝待っている〟のではなく、日頃からいかに健康を心がけるかなんだ。まさにそれこそが豊かで幸せな人生に結びついていく大切なことだと思う」

町長はこう力説する。

さすがにこう語るだけのことはあり、町長自身、日頃から歩数計を身につけ毎日〝万歩〟のノルマを果し健康を心がけている。

町長は歩数計をつけて10年以上になるというが、歩いた総距離はなんと地球を2周する計算になるという。町長は自宅から役場までの行きも帰りも徒歩で、よほど時間が切迫していないかぎりは仕事の現場へも歩いて向かう。東京へ出張に行った際も千代田区平河町界隈の宿泊するホテルから永田町や霞ヶ関くらいまでの、地下鉄の駅にして一区間程度ならば平気で歩く。しかも、その仕事の前の早朝散歩も欠かすことがないという。

また「歩くこと」以外にも食事等、自分でできる健康のためになることならば積極的に取り入れているようで、このようにして流した汗は満更でもなく、ここ数年の定期健康診断結果にそれは十分に表れていて、いわば〝健康優良児〟の太鼓判が押されている。町長は医者要らずの健康を保っているのだ。

ちなみに2018年、70歳になったのを機に、自身二度目となる札幌市真駒内から支笏湖までの33㎞を歩くウォーキングイベントに挑んでいるが、途中、ノルマの休憩時間を挟みながらも5時間余りのかなり速いペースで歩ききった。タイムをみるかぎり相当な健脚ぶりをうかがわせる。かなりの早足を保ち続けなければこの記録は生まれない。歩数計も4万を超えていた。

こうまでして健康を維持する町長の頭の中には、政策の中に「生涯活躍」が謳われていることと無縁ではない。町長自らも実践し、町全体としても取り組むべきことはすべての町民の健康を望む、まさにこの「医者要らず」社会の実現である。健康であれば医療費を抑えることができるわけで、こうなってくると高齢化社会だからといって必ずしも医療費の負担で行政が心配することはないのである。

上士幌町が2018年7月からスタートさせた『健康ポイント』事業は、町の財政も含めて〝心身〟共に健全で健康に向けた政策で、「ふるさと納税」の寄付金が活かされていた。町民が身につけている歩数計は、健康事業を手掛ける㈱タニタヘルスリンク」の活動量計で、日々の歩数とカロリー消費量を測ることができる機器である。これを『健康ポイント』事業に参加希望の町民に無料で貸し、自らの健康づくりに役立てることを促しているのだ。結果として生まれたデータは年々集積され、ビッグデータはさらなる町民の健康増進に寄与することができるというわけである。

町の政策の一つとしてこの事業を委託された「㈱生涯活躍のまち かみしほろ」は、歩数に応じてポイント化し、年間に貯めたポイント総数を年度末に町内で利用できる商品券と交換するサービスを行っている。いわば、航空会社のマイレージサービスやショッピングにおけるポイント制と同様の消費活動ならぬ健康を後押しする事業で、町民はポイントを貯めることを励みに結果として健康をも得るという仕組みだ。「400歩＝1ポイント」とし、「1ポイント＝1円」に換算して商品券に替える。1万歩で25円分をゲットできるが、年間で最大1万円までが約束されている。

また、この商品券の使用は町内の商店会にも潤いをもたらすことになる。いわば〝一石三鳥〟なのだ。

また、どこの自治体でも行われている定期健康診断やがん検診だが、せっかくの行政サービスでありながら利用せずにやり過ごしがちなサービスである。これを受診することでもポイントを貯めることができる。検診でがんが早期発見されたら命が救われるだけでなく、高額な医療費の心配も消え、家族を含めて心の健康にもつながり、町にとっても個人にとってもポイントに置き換えるのに十分値する措置といえよう。

さらに、シルバー学級や「かみしほろ塾」への参加も、これは頭の〝健康体操〟として認知症予防にもつながるはずとポイントが加算される。

事業を委託されている「㈱生涯活躍のまち かみしほろ」は、その社名の通り、町民が心身共に健康で生涯活躍できる環境づくりを手掛けているのである。

健康の〝押し売り〟ではない。健康を望まぬ人などいないわけで、「今さら」とか

「自分は大丈夫」と思っている人たちにあらためて健康について考えてもらう絶好の機会の提供であり、それを無理のない形でなおかつ楽しみながら、そしてその先には〝ご褒美〟が待っているという政策である。

「町民はいわば町の財産であり、それを守るのが行政の最優先事項ですから」

町長は今日も1万歩を超えているに違いない。

ちなみに厚生労働省が生活習慣予防に取り組む自治体に手厚く支援する「保険者努力支援制度」(平成29年)では、北海道179市町村中7位にランクされている。

いま上士幌は健康、福祉など子どもから高齢者まですべての世代が安心して暮らすことのできる、まちづくりに突き進んでいる。

住めば都~住宅助成

2008(平成20)年、町は「定住促進賃貸住宅建設助成事業」を始めた。

これは戸建てやアパートなど建設する住宅の種類や床面積に応じて最大で300万円

の助成金が受けられる制度だ。

たとえば、事業開始から最初の10年間で294戸の住宅が建設され、総額で4億9278万円を助成した。民間による事業の経済波及効果調査では、建築費で20億円を引き出し、この後発生する修繕費、固定資産税、住民税、地域内での消費など含めると40億5000万円と経済効果を推計している。大方の入居者は農業法人や民間企業の職員住宅として利用されている。

この事業の狙いは経済成長がかつてほど見込まれないことで、積極的に民間の住宅建設が見送られてきた結果、町に賃貸住宅が不足してしまった。移住者を受け入れるにも住む家がなければ来てもらうことができない。それを補うためのものだった。雇用促進の意味合いも大きい。つまり、雇用と住宅という表裏一体の問題を解決するものである。問題が解決すれば人口が増えて経済活動につながる。そうなれば町は活気に溢れて移住定住にもつながることも期待できる重要な事業だった。

制度は当初、助成の対象事業者を町内に限定していたが、町外にも拡大することで申請件数は急増した。そして、町はさらに移住者を意識した住環境の整備のための施策を打った。

住宅建設の支援は雇用促進の住環境の整備にとどまることなく、子育て世代の戸建住宅取得にも力を注いでいる。もともと土地価格は安いので年収500万円で立派なマイホームが持てるという施策だ。ここには「ふるさと納税の寄付金」が一部充てられている。

2014（平成26）年から上士幌では町内に住宅を新築する場合、子供一人につき100万円を助成する子育て住宅支援事業を始めたのである。子供の数に上限を設けず、3人いれば300万円、5人いれば500万円が助成される。建築しても建売を買っても適用され、町内業者が施工や販売をする物件についてはさらに50万円が加算される。つまり子供が3人いて町内業者に工事を頼めば、助成総額は350万円となる。但し、対象は中学生以下の子供がいる世帯で、総額の一割は町の商工会商品券を交付する。町外から移住する人も大歓迎だという。

移住者が最も関心を寄せる「子育て・教育・仕事・住まい」のうちの一つがさらに大きく前進をみたのである。

町長は「住宅政策は何も建設するだけに限らない」と言う。

地方へ行くと、人が住まなくなって久しい古い家屋が目につく。町の景観を損なうだけでなく、ひどいものになるといつのまにかゴミ屋敷になっていたり、ネズミの棲み処に変わっていたり、犯罪の温床にもなりかねない廃墟になっている場合もある。

何故、廃墟になるまで放置されたままなのか？

訳あって町を出ていった人、相続する人もなく主なき家として建物だけが残されたケース等いろいろ考えられるが、大きな理由の一つは壊して均《なら》すにもお金がかかるということだ。所有者からしたら、倫理に欠けるとの誹《そし》りを受けても、これからずっと住み続けるわけでもない家にすすんでお金をかけづらいだろう。「あとは勝手にやってくれ」といわんばかりに、無責任にも家だけを残してどこかへ行ってしまうのである。

これが地方で見られる珍しくない負の景観である。

２０１５（平成27）年、上士幌町は50万円を上限とする「老朽施設解体撤去促進事業」を開始した。

地域の防犯対策・防災対策など町民の安心安全と住環境の維持向上を目指し、「自然の豊かさと美しさが実感できる町づくり」を進めるために老朽施設の解体費用の一部を助成するのである。

ある移住者からこんな声を聞いたことがあった。

「上士幌町へ移住するにあたり、北海道をはじめいくつかの地方の候補地を見てまわりましたが、他の町と見た目の一番大きな違いは清潔さでした」

〝人は見た目が8割〟というフレーズが一時話題になったが、町にとっても見た目も大切だということである。これまで73戸が制度を利用している。

株式会社設立

地方創生を進めるための大きな目標の一つに地方経済の活性化を挙げている。各自治体では企業誘致と言って施策に掲げているが、現実は極めて厳しい。そんな中、上士幌町では地方創生5カ年の戦略がスタートした平成27年から、いくつかの新しい会社が立ち上がっている。三重県伊勢市から新たに起業した老舗の製菓会社、東京から進出したコールセンター、地元で会社を立ち上げた再生エネルギー会社、この先も首都圏の会社が営業所の開設に向けて準備中という。ラーメン店や蕎麦屋も開店した。いまどき農山村にこれだけでも異例のことだ。

ただ、それだけではない。人口減少と疲弊する地域経済は、国難と言われるほど深刻で、その対策の一つとして民間企業、役所、教育機関、金融、住民、マスコミ、いわゆる「産官学金労言」の連携により新たな事業主体を設立し、町の総力を挙げて課題に取り組むべきとの方針である。上士幌町は直ちに動いた。健康長寿、生きがいのある人生を送ることができる田舎を目指し公益性の高い「㈱生涯活躍のまち かみしほろ」と道の駅の経営や、旅行業、電力販売、地域の観光資源の再構築をはかり、地域の総合商社的機能を持つ雇用や収益性の高い「㈱カーチ」を立ち上げた。いずれも官民協働の組織で町が5割以上の出資でスタートした。

設立にあたっては町民、議会からも様々な意見や心配の声を聴いた。

成功事例の少ない第3セクターに対する不安、失敗したらだれが責任をとるのか、最終的には町民につけが回るのでは、今、それぞれの団体や組織が役割を果たしているからそれでいいのでは、など様々な意見が飛び交った。

未来への挑戦であることから、不安や疑問はもっともである。同時に、上士幌町には、以前、町が出資した事業で億単位の損失を被った苦い経験がある。、会社は最悪倒産というリスクを抱えている。その際には株主は基本的に出資金の範囲で責任を負う。「㈱カーチ」は、事業を行うために金融機関から融資を受けた。金融機関は事業の成否を審査した上での決断で、この件で町が保証することなどの約束事はない。

国は地方創生の一環として官民協働の取り組みを支援しているが、全国の自治体でもその必要性は感じつつ実現している例は少ない。特に上士幌町のように短い期間で2つの会社が設立された例はあまりない。

『㈱生涯活躍のまち かみしほろ』

経営理念は、「町民が活き活きと活躍できる多世代コミュニティづくり」だ。

2017(平成29)年9月に町、JA、商工会、社会福祉協議会、社会福祉法人、医療法人、金融機関4行、報道機関、NPO、地方創生で求められている「産官学金労言」の総てが出資者となって設立された。そのまちづくり会社の事業内容は、町が目指す「健康寿命の延伸」の一翼を担うことを意識して、地域包括ケアに関する事業、生きがいと社会参加の人材センター事業、人材育成かみしほろ塾、空き家空き店舗、住み替えなどの調査相談業務、移住に関すること等の公共的な事業に加え、社会貢献と収益性のある自主事業をもって自立を目指す内容だ。

会社の設立にあたっては、「なぜ会社なの？」「医療、介護、予防、福祉などそれぞれの立場でみんな頑張っている」「ことの責任は」など、さまざまな意見があったが、町はその先を見ていた。

確かにそれぞれの立場で汗を流しているのはわかるが、一つには「縦割り行政」による弊害からの脱却である。新しい事業に取り組むとき、必要性は認めるが「人がいない、忙しい、予算がない、早すぎる、担当課は？」といった議論で事業の先送りや、お蔵入りになってしまう事例が多々ある。

今年度、会社が受託した「健康ポイント事業」は、健康寿命の延伸を図る上で、有効な施策と考えていた。保健福祉、スポーツ、生涯学習、地方創生の企画などが関係するセクションになるが、打ち合わせ会議では、いつものごときの議論で時間が費やされた。そこに横ぐしを入れ、接着剤の役割を果たし事業化したのが会社であった。縦割り行政の弊害を是正し「行政サービスをスピード化し、そのサービスを向上させること」につながった。ポイント事業では、当初150人の参加募集人員に対し、2019年1月現在で400人が参加するなど盛況だ。町は新年度も増えることを想定して予算化した。今まで、必要と言われていながらできていなかった「人材センター」「一人暮らしや高齢者世帯の住み替え相談」など、町民の願いに寄り添った姿勢は、やがて地域社会に貢献できる事業が起きるものと確信している。

同社の社長を引き受けることになったのは、「上士幌町商工会」会長で、建設会社を経営する小寺友之だった。

「リスクを背負わなければ商売じゃないし、民間じゃない。ここが焦点だった。これまでと同じだったら町は何も変わらないんだ。リスクのない事業なんてない。その上で新しいことに挑戦し成果上げていく。だから、自分は受けたんだ」

まずは指摘通り、町からの委託事業ゆえに民間で揉まれてきた小寺にとっては歯がゆさがかくせなかった。

しかし、〝行政のなかなか手が行き届かない〟ことの補完が望まれている以上、四角四面の行政のやり方とは違う腕の見せ所である。

「人材や人手不足でやりきれなかったことを持続可能なまでの行政サービスにまで昇華

させて、質も高める。この会社でしかできないと決意を新たにした。関係各所とコミュニケーションを密に図ることも必要で、地域包括ケアも移住促進もやるべきことはまだまだある。独自事業も立ち上げていくつもりだ」

小寺も腹を括っていた。

『㈱カーチ』

上士幌町が「地方創生」に向けた次なる、斬新なチャレンジを立ち上げた。

2018（平成30）年5月、官民が一体となった観光地域商社（DMO＝Destination Management Organization）「㈱karch（カーチ）」が設立された。

町の「稼ぐ戦力」の誕生である。

「魅力がありながら経済活動に結びついていない観光資源が町内にはたくさんある。観光による町づくりを官民協働ですすめ、新たなビジネスモデルとしてここから発信できるものと確信している」と、町長のこの「カーチ」に懸ける思いは他の事業とはまたひと味違い、熱いものがあった。

目指すところは、「上士幌の人、素材、役割、ビジネスの架け橋」で、「住んでよし」「訪れてよし」の観光地域づくりを行うという。

ちなみに、社名の「karch（カーチ）」は「上士幌町の価値（＝カチ）を見出し、伝える会社に」という意味が込められ、上士幌町の頭文字「k」と、観光資源の一つであるアーチ橋から名付けられた。

社長に就任した若杉清一は、北海道北見市の出身で、かつて「リクルート」で通信事業部門を任され、その後、東北の第三セクターの赤字事業を黒字化させるという経営手腕を発揮した人物である。

「上士幌町は『ふるさと納税』でしっかりと成果を出し、人口増加にもつなげ、自治体としての可能性は大きい。大雪山国立公園や旧国鉄士幌線コンクリート橋梁群（タウシュベツのアーチ橋他）、ぬかびら源泉郷など素晴らしい自然資源や観光資源にも恵まれているが、日常生活にこそビジネスの芽が眠っている。農村風景や農業体験だって、農家からすればなんてことないだろうが、インバウンドからすれば非日常で土地の暮らしに関心を持っている。そんな地域資源にも収益に結びつく価値があり、チャンスなんだ」

農業体験や土地の暮らしのガイドも商品化が可能だと、早くもアイデアを繰り広げる。

「食については収穫した生産物を店に山積みして販売するのではなく、まずは実験場としてナイタイで売る。そこで評価されたものはさらに道の駅でも売る。それを繰り返すことで商品力もブラッシュアップされ、ネット通販で外でも売り込むんだ」

すでに期待される「稼ぐ戦力」としてのプランが若杉の頭の中で進行していた。

「カーチ」には「ナイタイテラス」と「道の駅」（2020年オープン予定）の運営も任されるが、今後、この町の中核となるだろう2つの施設の〝出来〟いかんが観光の町としての命運と、また経済の活性化の鍵を握っている。

他にも、町の広報活動、イベント開発、民泊等の宿泊型体験商品を手がける旅行業も事業に数えられている。

若杉は「町全体を商品化する」との構想もあり、バルーンのごとくどこまでも上昇していきそうな鼻息の荒さである。

その中でも見逃せないのが、「電力小売業」だ。

バイオガスで発電された電力は契約や法律上、現在、いったん北海道電力に売電し、一部を会社が買い戻しているが、将来的に町民にも還元できるように進める任も「カーチ」が担っている。

予定されているプラントと太陽光等の再生可能エネルギーで町の全電力を賄うことができるわけで、そうなれば、エネルギーの地産地消の町づくりによる地域発展が実現するのである。大きな一つの「地方創生」ではないか。

「事業の最終目標は雇用だ。町民が食や観光商品に関係する。商社である我々の仕入れ先はメーカーではなく町民だ。そうなれば、利益だけでなく雇用も生まれる。それが町づくりで、若い人が戻ってきたり、移住につながることも期待できる」

若杉も腹を括っていた。

第5章

かみしほろ塾と起業塾

参加費五百円の〝贅沢〟な塾

これが都会ならば、「カルチャースクール」か「時局講演会」の類だろうか。上士幌町では、これまでにあるようでなかったような〝塾〟を開講させた。『生涯活躍 かみしほろ塾（総合講座）』である。

２０１８（平成30）年度は7月21〜22日の2日間にわたる1期を皮切りに3期までの、パネルディスカッションも含む21講座（1講座＝50分前後）が組まれた。

キャッチフレーズには、「上士幌だからできること。上士幌でしかできないこと。を共に学び、新しい自分らしさの発見。新しいふるさと探しをしませんか」と謳われている。「ふるさと納税」効果も大いに手伝い、過疎の町が人口増加に転じた上士幌町だが、この勢いをさらにキャッチフレーズの中で「きっと何かが始まろうとしている。いや、もう始まっているのかもしれない」と投げかけた。

30年前、町と九州の大学が連携した「タウンカレッジ」（第2章）では、当時の生涯学習は、文部科学省の旗振りであったが、昨今は健康寿命の延伸の観点から地方創生・生涯活躍のまちを推進する内閣府が積極的だ。その点で2018（平成30）年度実施した『生涯活躍 かみしほろ塾』は地方創生推進交付金対象事業として採択され財源確保ができたことと、上士幌町の主催には変わらないが、運営事務局はまちづくり会社『㈱生涯活躍のまち かみしほろ』に置かれ、規模もコマ数も格段の違いで、同社の存在意義を示す事業の一つともなった。これを足がかりに町も同社もまちづくりのための次のステップにつながるダイナミックな展開が図られようとしていた。


塾の役割の中には「いくつになっても個々人が活躍できる場の提供」があるが、心身ともに元気になるには新しい出会いや刺激は欠かせず、塾はその恰好の場だった。

塾と名の付くかぎりは教室でテキストを広げ、先生の話に耳を傾け、ノートをとって知識を身につけることをイメージさせるが、そもそも先生は？　そして一体、誰が何を学ぶというのか？

町民に限らず町外の人も含め、年齢や性別出身に関係なくさまざまな人が参加できるように門戸は開かれていた。

「町の将来をどうするか？　これまでこの先の10年を町民に理解してもらうのはとても難しいことだ。まちの将来像やまちづくりの中長期計画はあるものの、現実の行政運営の中でそれが諸計画とどういう関連性を持つのかなど、理事者や担当課はわかるものの、職員全員が共通認識に立つのは難しい。また、いざ職員が理解し政策として進めていこうとしても、そのまま町民にまでスムーズに伝えるのも中々難しい。塾にはそんな現状から脱却する意味合いもあり、社会を見る目を皆で一緒に広げることも大事なことだ。そして今、この町がどういう方向に動いているのかを考えてもらうのも塾の目的だ」

町長が一貫して言い続けてきた学ぶことの大切さが根底にある。

つまり、「地方創生」にまつわることをはじめ、これまで説明会や議会で話してきたことも含めて違った視点や角度から理解を深めようとの試みであった。それも、各専門分野の一流講師陣を招いてである。

1期目のテーマはまさにその「地方創生」だった。

「国全体の、町の課題にもなっている『地方創生』とは、町民にとって一体何なのか？

そう簡単には答えられないと思う。そもそも町民にとって日常生活の中で『地方創生』を直接に意識させられることはなく、まずは日々の生活のことが大事なはずだ。いつも顔を見ている僕たち町の関係者同士との間とはまた違った感覚で講師の話を聞いてもらうことができるのではないか。自分の足元のことは自分が一番わからないのであって、何回も繰り返して聞いていくうちに認識を新たにしてくれるはずだ。『皆、言っていることは同じなんだ』とね。こうした一歩を踏み出せなければ成果を掴み損ねるばかりか時代に取り残されることにもなり、気がついたら町は大変なことになってしまう。多くの講師の話を聞く中で、10年先に向かって動いていることを理解してくれたら、塾を開講した意味があると思う」

町長の言う「教育でも経済活動はできる」だけでなく、「教育が未来を開く」ことができるということか。

この日、用意された6つの講座で問われる内容は「地方創生とは?」、「人口減少による問題」、「地方消滅の危機」、「日本再生と地方の役割」、「地方の豊かさの再評価」「ふるさと回帰の胎動」、「地方が日本を救う」、「誰もが輝くプラチナ社会」、「誰にもあるビジネスチャンス」とあり、講師陣は錚々たる面々が顔を揃えた。都会でもこのメンバーを一同に並べようとすれば、スケジュールの調整からギャランティにいたるまで考えるだけでも難しい。「ふるさと納税」で一躍全国区に町の名が躍り出た効果を引き金に、町長の中央との交流パイプと企画の斬新さに惹かれて講師陣が意気に感じてくれたのである。

ある講師が講座を引き受けた理由について言うには、上士幌がこれまでに「地方創生」に向けて行ってきたさまざまな取り組みによって生じたビッグデータに対する評価と可能性だという。いずれにせよ、参加費は資料代として1日五百円であり、都会の感覚では贅沢としかいいようがない企画が盛り込まれた塾であった。

トップを切って登壇したのは「日本創成会議」座長で、元総務大臣の増田寛也だった。

元総務大臣から元東大総長まで

テーマは「人口減少社会における地方の役割と戦略」だ。

増田が座長を務める「日本創成会議」は、先に〝2040年には1800の自治体の半数が消滅する〟可能性を示すショッキングなレポートを発表していたが、その当事者が人口5000人の町で人口減少社会の話をする。よその町とは違って自分たちの町は人口が増加しているとはいえ、町民からすれば対岸の火事と片づけるわけにいかず、町と利害関係のない増田から客観的なデータを元に鳴らされた警鐘は町民の胸の奥深くにまで響いていたはずだ。

たとえば、中央に臆することなく自立して地方の価値の向上を図ることについて、「小さい人口規模の自治体の方が新たな取り組みが住民に伝わりやすい。民泊やライドシェア（車の相乗り）など、都会では導入するのに障害があるが、その点、地方は取り組みやすいはずで先進事例となるチャンスだ」

今後の戦略のヒントを示した。また、人口問題についても、「地元企業の働き方改革への投資などを通じて地方を若者に魅力ある場として発信し、Uターンなどの人材の還流を促すことも大切だ」

他にも、押し寄せる地方消滅に対する危機感不足を指摘しながら、「地方創生」に向けたアプローチとして地域の魅力のブランド化や人材を育成しそのまま根付かせることをポイントとして挙げた。

続いて登壇したのは、「ふるさと納税」の発案者である福井県の西川一誠知事だった。「これからは『ふるさと納税』者が寄付金の使い途を選択できるプロジェクト応援型が中心になっていく」

返礼品だけを目的にしたり、その中でも総務省が指導する枠を大幅に越えて寄付者の射幸心を煽る行き過ぎた返礼品の提供や、本来の制度の趣旨を逸脱する、たとえば金品を返礼品にあてて多額の寄付金を当て込む傾向に釘をさし、町への今後の制度に対するより一層の有効な活用を後押しした。

講師は他に、政府の「地方創生」の主要政策として注目されているCCRC（Continuing Care Retirement Community＝元気な時から介護時まで安心して暮らせるコミュニティ）構想の有識者で、三菱総合研究所の松田智生主席研究員が「東京から地方へ～逆参勤交代のすすめ」と題するユニークな発想で町の奮起を促した。また、日本全国の自治体の窓口役として地方を応援する「ふるさと回帰支援センター」の高橋公理事長、それに投信会社の渋澤健会長と「㈱ソフィアバンク」の藤沢久美代表は「人生100年時代を生きるための生活設計」と題する対談に参加した。

このように、各専門家が町民を前に昼休みを挟んで終日熱弁を振るったのである。

上士幌町
かみしほろ塾
総合講座
～新たな自分探しとふるさと再発見～
第１期テーマ「地方創生」
かみしほろ塾
【特別講演】
人口減少社会における地方の役割と戦略
増田寛也氏

増田寛也 元総務大臣

これが3期に分けて21講座開かれるというわけで、霞が関の役人も都内で行われているならば、仕事の手を休めてでも参加するところだろうが、ここは上士幌町である。

しかし、2期目に講座を持った元東大総長の小宮山宏は、以前からのスケジュールを変更してここへ足を運んでくれたのだった。

「上士幌でひと仕事をしようと思えば、なかなか日帰りは難しい」

確かに、ここまで来る時はみな〝覚悟〟を決めて臨まなければならないのだ。

「プラチナ社会」構想を持つその小宮山は、上士幌の出生率も伴った人口問題の成果や家畜の糞尿を活用したバイオマス再生可能エネルギーへの取り組みに高い関心を抱き、登壇にいたった。モノが飽和状態の先進国においてどのように生きていくか。

「自己実現の場は自然共生社会でしかできない」と一次産業の活性化やエコロジーの重要性を、誰にもわかりやすい言葉で語りかけた。「元東京大学総長」の肩書に臆する必要はまったくなかった。

第2期の全体テーマは「地方の未来を創るイノベーション」で、AI（人工知能）の研究者や自動運転バスの第一人者の講演のほか、「再生可能エネルギーによる地域活性化の戦略」と題したパネルディスカッションも行われた。

西川一成 福井県知事

第3期は「支え合う地域社会を目指して」を全体テーマに、健康や医療についての講座が控えている。

このチャレンジに町民はどこまで応えることができたのか？

果して「早すぎる」との声をおさめさせ、次へのステップにつなげることができたのだろうか？

町長は『かみしほろ塾』をこのまま一過性のもので終わらせずに、継続して開いていくという。目指すは『かみしほろ塾』のブランド化であるというが、少なくともこの初の試みで町民もボランティアとして運営を手伝い、運営を委託された『㈱生涯活躍のまち かみしほろ』は一つの実績を作ったことは確かであり、ほぼ〝オール上士幌〟で臨んだことに意義を見出すことができた。町長は塾に対する自信が確信に変わっていた。

「塾は継続していくことが重要だ。講師の先生方と町のネットワークができ、これから町が変わっていく入口になった。講師は上士幌をどう判断してくれたのか。面白い、ロボット農業、AIの可能性、産業革命のビッグデータを町が抱えているなど、町が実験のフィールドになっていて、ICTの先端になりうるとの認識をもってもらえたはずだ。参加者、関係者もそう感じてくれれば次の段階に進める。『かみしほろ塾』はブランド化し、商品価値が出てくる可能性があると感じている」

塾への参加者は各期200人超えである。

生涯学習センター「わっか」

それは通りを挟んだ役場の向かい側に構えている。

上士幌町生涯学習センター、通称「わっか」である。

「わっか」は北海道弁で「輪」を意味し、コンセプトである「町が、町民が元気になる集いや出会いに溢れるふれあいの場」として生まれた。

2017(平成29)年に「生涯学習センター」として建て替えられた木造一部鉄筋コンクリート造2階建延べ面積4000㎡の施設は、2018(平成30)年度の地域文化の発展に貢献する創造性豊かな建築物を表彰する「北海道赤レンガ建築賞」に輝いている。

図書館や教育委員会といった町の教育関係機関、学童保育所、高齢者関係施設はそれまでは独立して別々にあったが、この一つの建物の中に集約された。他にカルチャーセンターや各種会議室、カフェ、プレイルームには卓球台やミニバレーボールのコートも備えられた複合施設だが、施設内を東西、南北に貫通するプロムナードには椅子やテーブルが配置され、食事や自習、各種展示や情報収集など町民の自由な交流の場としても利用できるつくりになっている。

こうして学習機能を有する機関を集約することに大きな意味があった。梶がこう説明する。

「『わっか』内には学童保育があるので放課後は小学生で賑やかになる。陶芸教室などカルチャーセンターに参加する高齢者も集ってくるし、自然と世代間交流が生まれる。田舎でも三世代が同居する世帯が少なくなり、子供は日頃から高齢者と接したり交流する機会がほとんどない。祖父母ら先人の知恵に触れる機会もないわけだが、ここでは建物内で黙っていても顔を合わせ、何かが生まれる可能性に恵まれている。たとえば、剣玉だ。ここで〝おじいちゃん〟に教えてもらった剣玉があっと言う間に学童の間に広がり、みな夢中になり、町内に『剣玉クラブ』ができたほどだ」

『かみしほろ塾』の講座の間をつなぐ余興として、その『剣玉クラブ』の上級者が登壇し日頃の腕前を披露していた。ゲームばかりに興じるよりも、健全で微笑ましい姿だ。

「喫茶コーナーでは障がい者雇用も行われており、いろんな立場の人が認め合い学習していく機会にもなっている。多くの人の目があり、子供のイジメは、起きてしまう前に芽が摘み取られるかたちで、保護者も安心して仕事に専念できる」

「わっか」の中にある教室並の部屋では夏休みには中学・高校生対象に学習塾が開かれ、希望者は無料で受講できる。町には都会並の学習塾がなく、それを補うかのように道内の有名塾講師が出張指導を担う。移住者は受験を意識するとどうしても教育への不安を募らせる。それに応える措置であり、「ふるさと納税」の寄付金が使われている。

「町長は教育の質を高めたい考えで、〝田舎でもできる〟とし〝都会にだって負けない〟と力を入れている」

たとえば、それは小学校の少人数学級を実現させたことにも表れていた。

上士幌小学校では少人数学級を実施するために町独自に任期つきの教員を採用し、2年と5年の人数の多い学年に対して1学級あたり20人以下の2学級に編成した。他の学年もそれぞれ35人以下の少人数学級で、これで担任教員は細やかな目配りができる。生徒は集団生活や授業にも適応ができ、不登校にもならないことが期待される。それぞれの子供に応じた学習指導をすることで学力向上を図っているのだ。早速、その効果は全国で実施される学力テストの結果に表れ、生徒のレベルは確実に上がっているという。

移住者が抱く「教育への不安」を一蹴させた。

「町に仕事があっても、福祉や教育支援が整っていなければ〝この町に永住したい〟という動機にはならない。それだけのことをしようと思えば、地方交付税では独自の政策に限界がある。こうして『ふるさと納税』を活用することでそれが可能となり、今後さらに地域の振興につなげていきたい」

町長がこだわる「学ぶことの大切さ」は移住促進にもつながる課題だった。さらに、もっと先を見据えたこんな構想も語る。

「今の高校生は学校の中だけで勉強するものだと思っている。先生も責任を背負いこむのではなく、学校やクラス全体を把握したコーディネイト役でいい。子供たちに最大限の影響力を与えるにはどうするか、行政はそのためならば惜しまずに支援するつもりだ。たとえば、海外留学は大学生からではなくもっと早い段階で行った方がいい。20代半ばを過ぎてからでは呑み込みが遅い」

そういえば、「ほろん」では外国人教師が英語を教えている。果して、すでに進んでいる国際化の波に乗り遅れないための準備なのか。町長には〝田舎に国際化は無縁〟とは言わせない迫力がある。

「オーストラリアの大学から打診があった。『うちの学生と上士幌町がインターネットを通じて語学や文化の交流ができないか』と。『学生同士でも』と前向きな提案で、特に日本語を学びたがっていた。こちらは英語か」

もはや、インターネットの時代に国境も南半球や北半球の壁もない。もちろん、都会と田舎もである。それだけに町長は町全体を網羅するＩＣＴの整備を強く望むのであり、5Ｇ時代の到来を誰よりも早く待ち焦がれる首長なのだ。


「わっか」内では一見地味だが、大変に重要な教育活動も展開されている。

教育委員会で「地域おこし協力隊」の社会教育推進員として活動する橋本香奈代は、読書を通じて豊かな人生を歩むことができるよう環境整備を進めた。

「わっか」内の図書館の蔵書台帳をデータベース化して図書館としての機能を高め、司書のみならず利用者にとっても検索を容易にさせるシステム作りを完成させたのだ。

実は上士幌町には、現在、本屋に相当する商業施設がなく、図書館や学校の図書室が果す役割は大きい。そもそも1992（平成4）年まで町にその図書館すらなく、それまでは読書推進団体のお話会「カッコウ」の会員が地区集会所などで本の読み聞かせの活動を行って読書の橋渡し役を担っていたのだ。こうした地道なボランティア活動が子供たちの間に読書文化を育み、「図書館開館」への気運を高め、図書館のある「わっか」が町の〝知〟の中核になったのである。

今でも、「カッコウ」は「わっか」内の集会所だけでなく、「ほろん」やすべての小学校（2校）でも読み聞かせのボランティア活動を続け、子供たちが本や読書に親しむ機会を提供している。2018（平成30）年度には「子ども読書の日」を記念した子どもの読書活動推進フォーラムにてその活動が認められ、「文部科学大臣表彰」を受けた。ちなみに、かっこうは上士幌町のシンボルの鳥である。

橋本も社会教育推進員として読書推進計画を策定し、「カッコウ」だけでなく地元の保護者や町民の協力も得て、朝の読書活動に尽力している。毎朝登校後の15分間を「朝読」と位置づけ、低学年への読み聞かせという読書推進を図り、今では学校の教育スケジュールの中にすっかりと定着した。これによって2016（平成28）年から始めて一年足らずで、子供たちの意識は大きく変わり、読書を「好き」と答える子供は「嫌い」を圧倒するアンケート結果が出たという。

子供の時から学ぶことの大切さを身につけたら、これは町にとって優秀な人材という大きな財産になるだろう。

「子供は町の宝であると同時に国、国民の宝でもある。子供は上士幌で生まれ育っても、やがて高校や大学、就職先が東京なのか、大阪なのか、福岡なのか、あるいは海外なのかは自由だ。子供が我々国民の財産だと考えれば、『ふるさと納税』の寄付金を子育てにあてるということにも理解が得られると思った。〝ここにいなくてはダメ〟という縛りをかける必要はない。上士幌町出身の子供たちがどこでどう生きようと、そこの社会で活躍してくれることが一番の願いだ。逆に、都会の子供たちがここに来てくれたっていいんだ」

「地方創生」はその地方だけの問題ではなく、国にも直接つながるテーマであることをこの町長の言葉が教えてくれる。

起業塾と人材活用

『生涯活躍 かみしほろ塾』は「地方創生」に向けた肝入りの事業の一つだった。

町はさらに、事業の一環として『かみしほろ起業塾』も開講させた。

この塾は地域資源を活かした起業や新規事業の開拓に関心がある人の学びの場で、創業の心得や経営戦略などの講義、地元十勝地方の若手企業家との交流や事業現場の視察などが予定されていた。受講者は町内外から受け入れ、町は受講後の起業支援として資金補助も計画している。

塾長を務めるのは、横浜市の公益財団法人「起業家支援財団」理事長だったアルプス技研の松井利夫会長だ。松井は町内にも家を構えており、２００８(平成20)年から上士幌のまちづくりアドバイザーを務め、町が抱える課題にも精通していた。人材育成を通じた地域活性化に人一倍熱い経営者である。

「町から新しい経営者が誕生していかないと、地域は活性化しない。意欲のある起業家をどんどん支援していきたい」

就任と同時に、支援資金３０００万円も寄付した。町長は松井会長の厚意に感謝すると同時に、思いを一つにしてこのもう一つの塾に期待を寄せていた。

「起業塾から実業家が誕生し活躍することは今後の地域活性化のモデルにもなり、全国でその機会をうかがっている人たちの刺激にもなるはずだ。人材が育っていくくらい楽しみなことはないし、大いに期待したい」

町民としても「起業家」という新しい人材の誕生が待ち望まれるところだが、今、上士幌が実際に持っている「人材」という資源もまだまだ町の発展に欠かすことができない。

『㈱生涯活躍のまち かみしほろ』は、業務の一環として「かみしほろ人材センター」を設け、人材活用を始めた。

「あなたの知識と経験を活かしてください！」

町民へ呼びかけ、人材を発掘登録し、助けや手伝いを求める人に人材を供給する仲介業に乗り出したのである。

たとえば、収穫等の農家にとっての繁忙期は猫の手も借りたいという。家庭内の力仕事がままならぬ高齢者もいる。他にもパソコンでの簡単な資料作成や除雪、倉庫管理、家庭教師、宛て名書き……求められる仕事は思った以上にいろいろとあるものである。中には、大工仕事や塗装など専門技術を有する経験者が望まれるものもある。その一方で、定年退職して時間を持て余している人やいったん仕事を離れていた主婦等、本人さえその気ならばまだまだ活躍の出番がある。「経験を活かしたい」、「もう少し収入を増やしたい」、「地域の役に立ちたい」、「空いた時間を有効に使いたい」と、そんな人材のまさに「知識」と「経験」を活かす仕組みである。

人材に登録できるのは18歳以上というだけで他に条件はない。センターを設けた『㈱生涯活躍のまち かみしほろ』は、「働くことを通して社会参加し、自らの生きがいの充実と健康の増進を図るとともに、活力ある地域づくりに貢献する」と謳った。ここにも上士幌町民の活躍の場がまた一つ生まれた。

生涯現役~『青春の詩』

サミュエル・ウルマンという詩人を御存じだろうか?

彼の書いた詩は戦後の日本人に勇気と希望を与え、高度経済成長の原動力にもなったといわれる。

日本の財界のリーダーの中にも愛好者が多く、不朽の名作と言われる『青春の詩』を座右の銘にする人も少なくない。愛誦する企業人の間に『青春の会』まで組織され、この詩の普及に努めていたほどだ。ダグラス・マッカーサーもいたくこの詩を気に入り、東京の執務室にそのコピーを額に入れて掛けていたという。

ドイツでユダヤ人の両親の長男として育ったウルマンは、ユダヤ人迫害で国を追われ、その後、アメリカに移住した。詩人であり、教育者として、また実業家としても幅広く精力的に活動し、米アラバマ州バーミングハムでは教育委員会で地域社会活動にも携わり、84歳でこの世を終えた。

日本では〝人生の応援歌〟として受容されたのが『青春の詩』（『青春』とも訳されている）だが、あらためて以下に紹介させていただく。

青春の詩　　　岡田義夫訳

青春とは人生のある期間を言うのではなく、心の様相を言うのだ。
優れた創造力、逞しき意志、炎ゆる情熱、怯懦を却ける勇猛心、安易を振り捨てる冒険心こう言う様相を青春と言うのだ。

年を重ねただけで人は老いない。理想を失う時に初めて老いがくる。

歳月は皮膚のしわを増すが、情熱を失う時に精神はしぼむ。

苦悶や、狐疑や、不安、恐怖、失望、こう言うものこそ恰も長年月のごとく人を老いさせ精気ある魂をも芥に帰せしめてしまう。

年は七十であろうと、十六であろうと、その胸中に抱き得るものは何か。

曰く驚異への愛慕心、空にきらめく星達、その輝きにも似たる事物や思想に対する欽仰、事に処する剛毅な挑戦、小児の如く求めて止まぬ探究心、人生の歓喜と興味。

人は信念と共に若く、疑惑と共に老ゆる。

人は自信と共に若く、失望と共に老ゆる。

希望ある限り若く、失望と共に老い朽ちる。

大地より、神より、人より、美と喜悦、勇気と壮大、そして偉力の霊感を受ける限り人の若さは失われない。

これらの霊感が絶え、悲嘆の白雪が人の心の奥までも蔽いつくし、皮肉の厚氷がこれを固くとざすに至れば、この時にこそ人は全くに老いて神の憐れみを乞うる他はなくなる。

何故、いきなりここに『青春の詩』を紹介したのか。

実は、『青春の詩』は竹中町長の座右の銘と聞いた。

あらためて読み返してみると、なるほど、町長の生きざまが見え隠れしている気がするではないか。彼の青春時代、この応援歌に背中を押されたのも想像に難くなく、あながち、間違いではなかろう。

上士幌町は大変に高邁《こうまい》な、確かな哲学の裏付けの下に歩んでいるのか。

町長が町のテーマにでもするかの「生涯活躍」という概念は、この詩の中にはっきりと見えてくるのだ。

もちろん、これはあくまでも私の勝手な憶測にしか過ぎないが、上士幌町がこうして躍進し、さらにまだ躍進し続けるのを感じさせずにはいられないスピリッツを見せられた気持ちである。

「1960年に『生涯教育』という概念が生まれた。『発達年齢に応じて学ぶことがある』という。結婚したら子育てがあり、大学だけですべてが決まるわけではなく、その後、いかに学んだかでその人の価値を決めていくんだと。『極める』ということはなくて人間は死ぬ時が最高潮にあり、生きて蓄積してきた財産は凄いということなんだ」

町長が語ってくれた中でも生きる最大のヒントとなった言葉があらためて甦ってくる。

第6章

人口増加と移住者

奇跡の人口増加へ

今、地方が頭を抱える最大の問題は人口の減少にあるが、これを北海道に限ってみてみるとかなり深刻である。

たとえば、札幌市に人口が一極集中しているが、旭川市や釧路市といった中都市では軒並み減少が見られ、これが小さな町村にいたってはほとんどがあたかも競いあうかのように減少の様が見て取れるのだ。中でも最も問題視されているのが働き手である生産年齢人口（15〜64歳）の減少だが、併せて将来の労働力である14歳以下の年少人口の減少にいたっては全国で1、2を争う高さで、問題の根はかなり深いといえる。

これらの要因には、一人の女性が生涯に産む子供の数を示す「合計特殊出生率」の低さがある。その背景として北海道内の女性は全国に比べて生涯未婚率が高く、育児休業制度のある企業の割合が低いなど、社会的経済的な理由が関係しているとみられる。
また、子供を産む若い世代が働き口を求め、北海道外へ出て行く傾向も強まっていることが数字に表れているといえよう。
この人口減少の加速は北海道のコミュニティー崩壊に直結する深刻な事態であると、早急な対策を望む声が社会学者の間からも上がっている。

そんな北海道でほとんど唯一の例外で人口が増加しているのが上士幌町だ。「ふるさと納税」の追い風を味方につけたが、ただそれだけをもって人口が増加に転じたとは限らない。

「人口減少や少子高齢化の問題は自然治癒するものではない。都会の人に『来て、来て』と言うだけでなく、まずは地域経済を活性化させて移住への流れを作らなければ人は動いてくれない。ただ、それぞれの地域には必ず何らかの資源があるはずで、それを見つけてどうやって人を動かすことに活かすか。チャンスはある」

他の例に漏れず、一時期までずっと人口の減少に頭を悩ませていた上士幌町は果してどんなチャンスを見出したというのか。

「たとえば、どの町にもある厄介ものの空き店舗だ。あれだって知恵を出すことで資源の一つになり得るんだ。資源ともなれば、それを仕事に転化することもでき、そうなると仕事を求める移住者を呼び込むことにつながっていくし……」

移住定住の促進を町から委託されている「コンシェルジュ」は、都会との交流のためにアンテナを張り巡らせ、今もなお知恵を絞り出しているが、要はいかにしてその都会から人を呼び込むことができるかにかかっている。それが本来の「地方創生」の目的でもあるが、町は、「ふるさと納税」で恩恵を受ける以前からシミュレーションされ、それに対する自信は数字にも表れていた。

町は２０１２年から２０２１年まで10カ年第5期総合計画を作成した。具体的な施策の基礎となるのが人口で、２０１０年時点での住民基本台帳で５２９８人、国勢調査によると５０８０人、コーホート変化率法によると２０２１年は４２８１人にという数値が示された。この時、町長が示した人口目標は５０００人とした。発表するにあたり「それはいくらなんでも根拠に乏しい楽観的数字だ」と職員から猛反発にあっていた。

「町は生きている。努力次第では人口減少に歯止めをかけることができる」

こうしたやりとりの中で最終的に５０００人に設定した。

地方創生の総合戦略の最終年2020年の人口設定では、国立社会保障・人口問題研究所によると4556人、日本創生会議では4489人と推定していた。この時、町は4762人、65人の社会増とした。少子高齢化、自然減少が拡大する中で、これまた高い数値目標である。

戦略会議の席で町長は目標値を設定するにあたって「数字には人口問題を克服するための強い覚悟が込められている」といった。町長は「勝機はある」と踏んでいた。北海道144市町村の社会増減と自然増減の相関図をみると、そう悲観するものではなかった。「やりようによってはいけるぞ」仮に目標値を割ったにしても、町民はその努力は認めてくれるはずだ。

とはいえ、この時点では人口はまだ減少を続けていたわけで、現実を把握する専門の担当者からすれば、至極当然の物言いだが、町長にとってこの数字には現実以上に覚悟が込められていたのだ。

「現状を踏まえれば発表すべきは4200人でもよかったかもしれないが、それを変えていくのが政治だ」と、最終的に「5000人」で覚悟を押し通したのだ。

「何事も強い思いを込めて取り組むのが大切で、高い目標を立てないと政策を作っていけないし、覚束《おぼつか》ない。だいたい〝減少するための〟政策ならば町のためにならないじゃないか」

どこまでも強気の構えだった。

ちなみに、上士幌町は1955年の人口1万3608人をピークに、以降、急減し、2014年4月に初めて5000人を割り込み、そのまま回復することなく減少を続けていた。株価でもあるまいが、どんな好材料があろうとも人口はいったん減り始めたら坂を転げ落ちていくようなもので、そう簡単には戻らないのは誰もが認めるところである。

ところが、発表時は減少にあったのが増加に転じはじめ、2018年4月には町長の思惑よりもひと足早く5000人を数えたのである。「ふるさと納税」効果も手伝ったこともあろうが、その一因に町長は情報発信の重要性も上げた。

「たとえば、『お金がなくても地方であれば豊かに暮らせるよ』という情報を発信することが重要だ。だいたい都会よりも年収が一割・二割下がっても、ここで暮らすことで生活の質に遜色がないんだから」

竹中町長はかつて静岡県掛川市で市長を連続7期にわたり務め、生涯学習を提唱し全国地域づくり推進協議会会長の任にもあたった故・榛村純一《しんむらじゅんいち》に学んだことがあり、榛村の言葉をあらためて思い出していた。

「宿命的住民と選択的住民がいる」と。

「親がやっていたから宿命としてこの土地でこの仕事をやらなければならない宿命的住民に対し、自らの意思で選んで暮らす選択的住民がいる。後者は〝ない〟のをわかってでも『この町が好きだから』住んでいるわけで、移住者も同じようにそういう気持ちを忘れずに来てもらいたい。もちろん、町は〝ない〟ことで開き直ることなく変わっていかなければいけないが、『スーパーがないから何とかしろ』と言われても、そういうことじゃあないんだ。せっかく選んで来るならば、まずは自分たちの目で確かめ、ありのままを知ってもらいたい」

序章でも述べた「ふるさと納税」寄付者に対する『感謝祭』での「移住定住相談コーナー」や「移住体験ツアー」参加、「お試し体験住宅」での生活体験などを通して、町は移住定住希望者に無理のない納得のいく移住促進を施している。

仕事いろいろ、貴賤なし

「移住はしたいが……」

移住希望者が二の足を踏む一つが移住先での「仕事」への不安である。

都会で何年も積み上げてきたキャリアがそのまま移住先で活かせるか。いやそもそもそのような「仕事」があるとは限らないのだ。ほとんどが積み上げてきたキャリアをいったんリセットして新たな仕事に取り組まなければならないだろう。もちろん、活かされる技術やその応用が利くことは皆無ではないだろうが、労働環境が激変することは覚悟してかからなければならない。そうまでしてでも得られる生活に、果して価値を、生き甲斐を見出すことができるのか。それまでに都会で自分がやってきたことに執着することなく移住に踏み切れるか。不安はどこまでいっても尽きないが、いずれにせよ田舎の空気を思いっきり深呼吸し、それを心底美味しいと感じることができる心の余裕がなければそこの〝住民〟になりきることは難しい。

「選り好みしなければ仕事はいくらでもある。むしろ地方は慢性的な人材不足だ」

町長はこう強調し、彼らの不安を一蹴するが、仮に仕事へのこだわりを捨てることができても、長年住み慣れた都会を離れて異なる環境ばかりか生活習慣も違うところで生活することに足踏みしてしまうのはやむを得ない。だから、そのためにも上士幌にはお試し生活体験住宅があり、実際、ここを経て上士幌に移住した人もいる。

先に「地域おこし協力隊」についてふれたが、上士幌では隊員が町の住民になるケースも少なくない。大都市圏から移住して地域活動の任期3年を務め上げた後、そのまま町に落ち着くわけだが、隊員として活動中に良縁に恵まれ結婚し、ひと足先にまちの戸籍に名前を連ねることになった女性もいる。

元々総務省が地方へ働き手を送り込み、地方の活性化を見込んで導入した制度である。

隊員を採用するにあたっては自治体自らが必要とする職種と人材をホームページ等を利用して募集をかけるが、総務省は隊員を預る自治体に対して特別交付税措置を行う。上士幌はこの制度を十二分に活用し、外部から人材を確保し、町の活性化に汗してもらい、任期期間中に町の魅力に嵌まった隊員はそのまま住民として人口の一人にカウントされていった。

町でピザ屋『ピザとワインの店 パピリカ』を経営する井上智彦さんは元地域おこし協力隊員である。

井上さんは東京都出身で、都内の出版社に30年間勤務した後、文筆業をする傍ら札幌のNPO法人で環境保全活動をするうちに北海道の魅力に取りつかれた。そんな矢先、ちょうど上士幌が募集していた「地域おこし協力隊」事業を知り、町の企画財政課の地域振興推進員として採用されることになった。まったくの見知らぬ土地ながら農林商工連携や地産地消の促進に奔走する中、地場産の食材をふんだんに使えるピザに着目し、かねてからの北海道移住の活路を見出したのである。ほどなく店を開く決心をした。幸いにも上士幌も他の地方の例に洩れず空き店舗問題を抱え、井上さんにとって店を構えることに支障どころか選択肢が予め用意されていたも同然だった。それを再利用する形でのオープンとなったのである。

厨房には専用のピザ窯を設け、十勝産小麦を使用した生地をベースに、地元で取れた野菜や山菜などまさに〝ザ・十勝〟といえるピザの誕生だ。そして、上士幌に一人の住民が誕生したのである。

蕎麦屋の話もある。

十勝はそばの有数の産地である。上士幌もダッタンそばの産地であり、さぞや町は蕎麦屋が軒を連ねる賑わいかと思いきや、実はつい数年前まであった店が閉めてから蕎麦屋が一軒もなかったのだ。せっかく、目と鼻の先にそばの実があるというのに、それを活かされないとは実にもったいない話である。

ところが、ふるさと納税のポータルサイト『ふるさとチョイス』の「ガバメントクラウドファンディング」（以下、GCF）を利用して上士幌に蕎麦屋がオープンするにいたったのである。

GCFとは『ふるさとチョイス』が「ふるさと納税」制度を活用して行うクラウドファンディングで、自治体が抱える問題解決のため、「ふるさと納税」の寄付金の使い道をより具体的にプロジェクト化し、そのプロジェクトに共感した方から寄付を募るという仕組みである。

上士幌は町民へのアンケートで98％が「町に蕎麦屋が欲しい」との結果を受けて、GCFで町内に蕎麦屋をオープンさせるプロジェクトを立ち上げたのだ。

町民の蕎麦に対する切実な思いや自ら蕎麦を育てて打つほどの蕎麦好き、以前あった蕎麦屋の思い出話にふける高齢者等、そんな一同が口を揃えて言うのはやはり、「なぜうちの町に蕎麦屋がないのか?」だった。町民の蕎麦に対する渇望をプロジェクトの担当リーダーで地域おこし協力隊員でもある町の職員がまとめ上げGCFで訴え続けた結果、全国から賛同の火の手が上がり、開店に向けた相応の寄付金が集まったのである。

こうして活気を失いつつあった飲食店街の空き店舗を改修し、町を盛り上げる蕎麦屋が〝復活〟を果したのだ。

店を切り盛りするのは、すでにGCFサイトで予告した東京都出身の39歳の20年のキャリアを誇る料理人で、こうしてまた都会から働き盛りが5000人の中に加わったのである。

上士幌ではいろいろな〝ふるさと納税効果〟が見られるが、こうした起業をきっかけに移住する人口の増加は大いに望むところである。

他にも、たとえば「保育料無料化」も誘因だが、これは「無料」という経済的理由だけでなく、町本来が持つ自然資源の魅力という付加価値も若い子育て世代の心をとらえ、結果、都会から呼び寄せることに成功したともいえる。

「ふるさと納税」から雇用が創出され、移住者を得たケースもある。

返礼品で寄付者のハートを鷲掴みにした「十勝ナイタイ和牛」や「十勝ハーブ牛」を

6次産業として商品化したJAと農業法人は事業拡大とともに相応の人材が必要とされ、結果、従業員として移住者を迎え入れることになったのだ。

後継者問題で離農を余儀なくされた牧場経営者にまつわるケースがある。

その後釜としてよその町で牧夫として働いていた人が家族5人を連れてそこを継ぐことになったのだ。きっかけは「ふるさと納税」を取り上げたテレビ番組の中で大きく画面に映し出された竹中町長だった。件《くだん》の牧夫は「ふるさと納税」を活用して活気ある酪農の町として紹介される映像にふれ、早速、農協に問い合わせて仕事を模索したところ、ちょうど離農する牧場があり、それを農協が窓口となってマッチングしてくれたのだ。2年間、町で酪農家として働いた後、牧場経営者としてそのまま落ち着くことができたのである。

こういった働き盛り世代の移住は単に人口増加としてカウントされるだけでなく、仕事でも大きく町に貢献し、税収にも寄与し、新しい町の元気の源になっている。

テレワークとサテライトオフィス

これまで「都会から地方へ」の移住というと、定年を迎え、子供も独立し、後半の人生を夫婦二人でゆったりと田舎で土をいじりながらでもというのが圧倒的に目立っていた。さて、実際にそれで過疎地域に人が流れ、さぞかし賑やかになっているかというと意外とそうとはいかないようだ。

定年後の、つまりは60歳以上の移住者はすでに若者が流出し高齢化が進む田舎の抜けた穴を補填する恰好になり、人口増加の一助だけでなく高齢化にも貢献している。誤解のないように言わせてもらうが、決して高齢化地域が端からだめだと決めつけているわけではないし、定年リタイア組の移住に難癖をつけるつもりもない。移住定住により人口が増加し町が活気づく理想的な町の姿というのは、世代に偏りのないバランスのとれた人口構成である。その町が将来にわたっていつまでも人から人へと地域の伝統文化や風俗習慣を引き継ぎ、繁栄していくためには大切なことである。

しかし、現状はといえば都会でも老老介護を受け入れざるを得ないケースが増えつつあり、その末路を報じる悲劇などに接すると「何とかならなかったのか」と、遅まきながら人間として悔しい思いにさせられる。だからこそ、その解決策の一つとして世代間の交流も欠かせず、それは町づくりにあたって意識すべきことである。若い世代や働き盛りの呼び込みだ。

それを打開する一つにテレワークやサテライトオフィスがある。

テレワークはすでに都会でも子育てに時間をとられている親たち、それに親の介護が必要とされている人たちの間で増え始めている働き方の形態だが、たとえそのような事情がなくても出社に及ばず、企業の一員としてありながら自宅で仕事をこなしている人は珍しくなくなった。町長はそこに注目してきた。

「都会には閑静なところで仕事をするテレワークを求めている人やサテライトオフィスで働きたい人がいる。それを実現するためのツールがＩＣＴだ。農山村であっても都会と同じように光回線が整備されていることが必須で、仕事の能率が上がるし、心身もリフレッシュできる。だいたい、人はみな平等に24時間しか与えられていないのに、何時間も通勤に使うのはもったいない話だ。田舎だと通勤時間はあってないようなものだし、テレワークに通勤時間はない」

政府もテレワークを働き方改革の一環と、情報通信機器を活用しての普及に力を入れている。通勤時間の削減により生産性の向上が見込まれ、高齢者や女性らの労働への参加が進む可能性もある。他、猛暑・厳寒下での健康管理や交通機関の混雑緩和にもつながるが、そのまま都会で済まされるのでなく、地方へもテレワークを呼び込むことができるかだ。

「これから5Gの時代になれば地方と中央の距離は感じられなくなり、仕事によっては地方でもまったく支障はないはずだ。地方にあっても豊かさが見えてくるはずなんだ。実際に上士幌にもサテライトオフィスを構える企業もあり、今後、お試し体験をしながらもっと増えていくだろう。もうそれが当り前の時代がすぐそこまで来ている。だからこそ、それを完全に実現化するためにＩＣＴの整備が絶対で、国の力を借りずにはいられないんだ」

町長が町長就任以来、描いてきた町の5つの将来像の中の「経済」と「環境」である。

これが「地方創生」の達成に向けたひと区切りになるが、次章で詳述する。

実際に上士幌に移住した人たちにその経緯や、その後の生活について聞いてみた。

実録　～憧れの田舎暮し

小嶋亜紀さんは町の臨時職員として現在、総務課に勤務している。

そもそもの移住するきっかけは母方の実家が上士幌町だったことだ。

「子供の頃から長い休みになるとよくおばあちゃんの家に遊びに行きました。バルーンが空いっぱいに気持ち良さそうに飛んでいる姿を初めて見た時の感動は今でも忘れません。朝はバルーンの〝音〟で目が覚めるほどたくさん飛んでいるんです。ナイタイ牧場へもここに〝帰って〟来るたびに必ず行ってました。なんにもない、抜けた感じが好きで何時間でもいられました。だから夏休みが来るのをいつもワクワクしながら待っていたんです」

小嶋さんは現在、実際に上士幌町に定住しながらそのバルーンに癒されているが、生まれも育ちも埼玉県である。新潟県出身のご主人と東京で出会い、上士幌町に移住する直前までは川越市で、小学六年の長男を頭に小学三年の次男、それに幼稚園年長の長女との五人家族で暮らしていた。

川越市といえば古くは宿場町として栄え、昔ながらの伝統文化を今なお伝え、全国からたくさんの観光客が訪れる人気のスポットである。都内へのアクセスも良く、各種インフラも充実し、暮らしてみたい町の一つとして高く支持されている。〝小江戸〟という言い方もされるそんな素敵な町に暮らしていながら、小嶋さんは何故、北海道十勝の、しかもそのさらに北の端に位置する上士幌へ向かったのか？　まさかバルーンに引き寄せられただけではあるまいに。

「元々自然が好きなんです。子供の頃の楽しい経験もあってか、『いずれは北海道で暮らしてみたい』という気持ちをずっと持っていました。でも、家族ができ、子供もこれから進学を迎えるにあたり、まわりが『塾、どうする？』とか言い出し始め、『このタイミングで移住って現実的でないなあ』と、もっと早くから計画していればと半ば諦め気分になっていました。私自身は好きなところで何をやってでも暮らしていける自信はありましたが、子供の教育だけでなく、主人の仕事もありますし……」

ただ、ご主人もちょうどこれまでとは違った環境での仕事も視野に入れていた矢先だった。これで移住へのハードルはぐんと下がった。こうなってくるともう長年にわたって北海道への移住を希望してきた小嶋さんの思いは強くなるばかりで、それからというもの、時間さえあれば情報収集に努めていた。

「2万円で移住体験ツアーに行けるらしいよ」、「東京でイベントの手伝いを探しているらしいよ」と情報を見つけてはご主人に進言し、気持ちは半ば北海道へ飛んでいたという。

ご主人の方もほとんど〝道産子〟と化した妻に押され気味になりながらも興味がふくらみ、上士幌と同じ十勝管内の帯広市中心のツアーや隣町の移住体験ツアーにも参加し始めた。小嶋さんは「念願近し」と感じていたが、ご主人は「いざ決行！」となるとなかなか決断に迷いが出るようである。慎重に最終的判断に時間を要していたご主人についい言ってしまった一言が、移住へのゴーサインとなった。

「いつまで『行く行かない』で迷ってるの？　私のためだったらもう行かなくていいよ。あとから何か言われるのは嫌だから」

本音はどうかわからぬが、こう妻から言い放たれるとつい「わかった、行こうじゃないか」と言ってしまうのが男なのかもしれない。

「私の熱意で押し切り、わがままを聞いてもらった感じですね」

何はともあれ、小嶋さん一家は晴れて上士幌の土地に第一歩を踏み入れることになったのである。

果して、実際に暮らしてみて当初の目論見通りだったのか？

生活して初めて気づかされる不都合な事もあったはずだ。予想だにしなかったトラブルに戸惑い、後悔することの一度や二度はあったとしても不思議ではない。町民との人間関係も生活習慣の違いからしばらく生活しているうちに綻びが出始め、溝が生まれることだって考えられるが……。

「日々新たな発見があるので、今は上士幌の生活を楽しんでいます」

あっさりと一笑に付された。

小嶋さんは長男と連れ立って最近はよくぬかびら源泉郷へ川釣りに出かけるという。釣りの経験はなく、針にエサのつけ方も知らない親子だが、長すぎる釣り竿を買って揉めながらも地元の人から手取り足取り教えてもらいながら釣り糸の先に夢中になって楽しんでいるという。

「空気は美味しいし景色はいいし、子供たちもバルーンを見るとテンションが上がるみたいで血は争えないなあと思いましたね。まあ敢えて言わせてもらえば、スーパーもドラッグストアも遅くまで開いていないことかなあ。でもそれを言い出したらここに移住してきた意味がありませんから、納得しています」

当初、心配されていた子供の教育面はどうか？

「校外学習が多いですね。たとえば、牧場へ行ったり、体験で蜂蜜を絞ったりと、向うの学校では全くあり得ない体験学習ですね。『机上の勉強ばかりじゃないよね』って言っています」

週末になると、「どこへ行こうか？」と家族団欒には事欠かないようである。「十勝ってイベントが多すぎる」と嬉しい悲鳴で札幌まで車を走らせなくても十二分に北海道を満喫しているという。

実録　～豊かに子育てを

移住して二年が過ぎ、十勝でふた冬を越した瀬野祥子さん。

ご主人と4歳の男の子と2歳の女の子との4人暮らしだが、東京・杉並の閑静な住宅街からの移住だった。ご夫婦は二人とも東京の服飾の専門学校の同級生で、今、そのデザインだけでも上士幌で生活できるようにと、非正規社員をしながら頑張っている。

祥子さんは宮城県の七ヶ浜町という海沿いの町の出身で、高校1年の時に父親の仕事の関係で上京。東京近郊の多摩で生活をしていた。ご主人は世田谷で育ち、二人は知り合ってから10年を経て結婚し、当時、お互い別々の会社ながら学校で学んだスキルを活かして将来を夢見ていた。ご主人はアパレルの企画生産を中心に、Tシャツなどのグラフィック作成の仕事をしており、生産管理の仕事に秀で、企画発案から発注までを工場とやりとりすることを任されていた。

一家は東京の閑静な環境で暮らしていたが、そもそもの移住のきっかけは、〝北海道の広大な土地で子育てをしたい〟ことだった。ご主人は岩見沢で暮らす祖父母がいて、すでに北海道の田舎暮らしを多少経験済みで、後々二人にとって東京を離れて生活することは暗黙の了解だった。とりわけ、ご主人の馴染みの北海道はその最有力候補だった。

移住先として最初に白羽の矢を立てたのが、道南の海沿いの町だった。移住を促進しているということでちょうどネットで目に止まった。二人目を妊娠中の祥子さんの分もしっかり見ようと体験ツアーに参加したご主人だったが、帰ってくるなり、即刻、「NG」を出した。理由は「若い人よりも年配を歓迎する雰囲気で子育てを中心に考える私たちには向いていない」だ。「子育て環境」にだけはこだわり、譲るわけにはいかなかったのだ。その後、二人は東京で開催されていた移住の「北海道フェア」で上士幌町を知り、町のPR促進活動に惹かれ、「いいんじゃない」と次へと動き出した。上士幌は、海沿いの町で幼少時代を過ごした祥子さんにとっては経験のない山間の町だが、「保育料無料」も知らされ、また写真で見る自然の光景も「子育て」に良いとのイメージが湧いたからである。

この時もご主人が一人で行くことになったが、実際に「ほろん」も見て「保育料無料」だけでなく、恵まれた保育環境に気持ちはほとんど決まった。「ほろん」には二人の子供がお世話になることになるわけだから。

一方、祥子さんはグーグルマップで上士幌を歩いてみていた。

「新しい建物が多く、きちんと整備されたきれいな町だと思いました。明るい雰囲気が伝わってきました」

帰って来たご主人共々、「子育て支援や政策に魅力があるね」の認識で一致し、移住先は上士幌で決まったという。もう暮らしはじめて2年も経つが、さて実際のところは……。

「古い団地ですけど、玄関を一歩出ると、左手にいきなり大雪山が姿を現すんです。もう言葉はいりません、景色がめちゃくちゃいい！　保育園の『ほろん』も文句のつけようがありません。朝目覚めると、まずは大雪山の山々を拝みながら、そこに季節によって雪山だったり、紅葉で山が燃えていたり、白鳥が飛来してくることもあり、全然飽きません。想像以上でした。町が生き生きと〝動いている〟って感じです。ただ……」

仕事である。

当初、二人の専門であるアパレルの仕事はなく、それは承知の上で、何よりも子育てを優先にそこで就ける仕事があればいいと考えていた。最初にご主人が就いたのが林業だった。思った以上にハードな仕事で、それまでパソコンでデスクワークをしていた人がいきなり体力が必要とされる林業の仕事をするとなるとハードルは高かったかもしれない。

「東京では11時出勤だったので朝は比較的ゆったりし、夜の10時か11時に帰宅していました。『子供が起きているうちに帰りたい』と言ってましたが、ここでは反対に朝6時に出て夕方5時に帰ってくる生活に変わりました。林業の仕事はとてもハードな仕事ですが、ダイレクトに四季を感じることができます。山菜やキノコを採ったり、いろんな動物や植物に出会えたり、もちろん木にも詳しくなりました。山の中で食べるお弁当も最高です。自然の中で仕事したことによって、自然の中で生活する自信にもつながりました。ただ、昔痛めた膝の古傷の影響もあり、休日は体を休めるための日になることが多く、私たちが理想としていた、家族みんなでのキャンプだったり、自分たちの時間を楽しむような生活はできていませんでした。そこで思い切って退職を決意しました」

「自分たちで何かできないか、お互いに専門の技術も持っているんだしと、ならば、またどこかで働くよりも挑戦してみないかと。保育園が無料で子供が預けられるのはそのチャンスだ。これが東京ならばフルタイムで働いていなければ預けることができないし、まずは申請が通らず、待機児童になる。しかも、保育料が高かったらそのために働き、チャレンジなんかできない。でもここならば、お金をあまり使わずに節約したら毎月生活できるからと、挑戦してみようとなったんです」

もちろん、子供を育てていかなければいけないから、二人は週に3～4日パートをしながらのデザインの個人事業を立ち上げたのだ。

「十勝を中心に活動しています。この前は、上士幌町の感謝祭で皆で着るジャンパーも手がけさせてもらいました」

子育てを第一に考えての移住だったが、保育料無料のアドバンテージが二人に本来の仕事も運ぶことになったのである。

「今、あらためて上士幌の魅力？　景色もそうですけども、四季を感じながら生活できることです。食べ物は本当に美味しい。そもそも野菜は苦手で、アスパラやブロッコリーなんか好んで食べていませんでしたが、今は美味しくて逆に好きになったくらいです。子供も小さいうちからこんな食の環境に恵まれてありがたいことです。

東京ではおかあさんたちの中には無農薬にこだわり、高級スーパーに食材を求めて食育にこだわる人がたくさんいましたが、ここでは採れたての野菜を、朝も夜も家族いっしょに食べることができます。これこそが立派な食育ではないですかね。

もぎたてのとうもろこしは生で食べても美味しいし、主人が時々農家さんの手伝いをしますが、手伝いが終わった後に子供たちに『じゃがいもを好きなだけ掘っていいよ』と、遊びにいったらそう言ってくださる。とうもろこしなんかはその場で食べさせてもらったりと、こういう体験は子供たちにとっても自分たちにとってもいいなと思います」

人間関係にも慣れてきたという。

「知らない人でもみんな挨拶してくれるし、子供はこういう環境で育っていけば自然と挨拶ができるようになっていくと思います。東京は人が多いですし、誰でも彼でも通りがかりの人に『こんにちは』って言ったらおかしく思われますよね。ここではすれ違ったら挨拶しますが、そんな普通のことができる大人になってほしいですね」

何よりも望んでいた「子育て」の環境は想像をはるかに超えたものだったが、当初と思惑外れだったことは？

「思い当たりませんが、気になっているのが、じゃがいもをもらったら何かお返しをできていないことです。お菓子とか焼いたりしたいんですけど、今は、その時間がなかなかなくてお返しができていません。もらってばかりで申し訳ないなあと。だいたい『今日は何時まで仕事なんだい？』とか『おかず、作ったから持ってけ』って、ご近所さんにお世話になりっぱなしなんです。でも凄く楽しいですね。『お互い好きな仕事ができて』って二人でよく言うんです」

町の「子育て支援政策」が予定していなかった起業を促す結果となった瀬野さん夫婦。二人のチャレンジはまだ始まったばかりだが、成功を祈りたいものである。

第7章

ICTと地方創生

5G時代がやって来る

日本全国で人口が減少する中、上士幌町が異例なことを、これまでその背景や取り組みなどを通じてレポートしてきた。

しかし、社会は常に変化を続けており、いつまでも人口の増減に一喜一憂しているわけにはいかない。「将来を見据えると今のままの保証はどこにもない」と竹中町長も常に緊張感をもって構えている。自身にも強く戒め、さらに先を見据えた戦略にアイデアを巡らせている。

たとえば、今、町長が強い使命感を持ち、声高に言うのが、「ICTによる地方創生」である。

「地方創生が叫ばれ、東京一極集中への不安や批判もある中、まだ世の中は東京に幻想を持っている。5Gの時代になると、『東京でなければ』ということはなくなるだろう」

すでに、上士幌にはテレワークやサテライトオフィスを設け、都会から進出してくる企業も見られはじめ、この発言の証となっている。

総務省は次世代通信規格「第5世代（＝5G）」の技術で高齢化や人手不足など地方の課題を解決する実証事業を2019年度から始めるという。高齢者が移動手段とする公共交通の自動運転での運営などを想定し、膨大な情報を瞬時にやりとりできる5Gの特長を活かし、地方の情報インフラとしてのモデル事業を展開する計画だ。

すでに5Gの実用化に向けて各国が動き出しており、たとえば韓国の通信大手が平昌オリンピックで5Gの大規模なテストサービスを提供している。日本も携帯大手3社が2020年の東京オリンピックで商用化を計画している。

総務省は新たなICTインフラとして、高齢化や労働力不足が深刻な地方の活性化に役立てたい考えでいるのだ。

これは町長が描く上士幌町の将来像の一つであり、間近に迫っているこの時代の到来への準備にぬかりはなかった。

「自動運転だけでない。5Gは農業や医療においても遠隔治療などで活かされ、まさに地方がこれから生き抜いていく上でどうしても欠かすことのできない技術なんだ」

上士幌町による「ふるさと納税」を活用しての果敢なチャレンジは、6次産業化や雇用の創出を生み出し町を目覚めさせた。都会からは若い世代も呼び込み、まさにこれは奇跡に値する地方創生だった。しかも、まだそれは続いているのだ。

「これでよしと満足してしまったら思考停止だ」

さらなる高みを目指して上士幌町の挑戦は続く。

次なる相手は5Gだ。

上士幌発 第4次産業革命(農業)

とはいえ、たとえば農業だが、町の現状では5G以前の問題がまだまだ解決されていないというのである。

JA上士幌の小椋組合長は、農業の将来を睨みながら不満を口にする。

「今の時代、光通信が入っていない農村部というのはありえないことだ。今の農業は光が入らなければ思ったことも十分にできない。ＩＴの時代となり、農作業用トラクターにしろ搾乳機にしろ、今やすべてがロボットなんだ。搾乳ロボットはパソコンに連動させて管理しているが、今の町の通信環境ではスピードが遅いし生産性が上がってこない。これが5Gの時代にでもなると情報のスピードも容量も桁違いになるが、今はそれどころじゃないんだ。スピードどころか、オーバーフローも起こしてしまっている」

町長が「ＩＣＴによる地方創生」を力説する町の今の事情でもある。

「国は高速通信は人口カバー率で90％余りになっていて充足しているというがＪＡ上士幌が取り扱う230億円の生産高の農業地帯の上士幌にまだ高速通信が行き届いていない。これは都会の大企業に通信がないのに等しく、人口比で推し量ろうとしていることに問題がある。5Gの流れの中では都会ではなくむしろ地方にどれだけそれがもたらされるかだ。国も高速通信が一番大事なのは地方だという認識になっているはずと思うが」

町長は町全体を網羅する最新のＩＣＴの早期整備をこう口を酸っぱくして繰り返す。

ただ、こうして町全体に光通信が網羅されていないことを常に気にかけ、危機感すら抱いている一方で、すでに頭の中には来る5Gの時代を見据えたシミュレーションは着々とできていた。

たとえば、牛の発情期の画像による管理だ。

これをロボットでやることでまずは人件費を含めたコストが削減できる。大事なのは発情のタイミングを正確に捉えることだが、5Gで捉えた情報をAIによる画像解析をすることで一瞬たりともそれを見逃さない。これが人の目で24時間監視しながらとなるとどうだろう。発情のタイミングを見逃せば受胎が大きくズレこみ、次の発情がくるまで無駄に時間をやり過ごすことになり、実際に数カ月も空白を作ってしまうこともあるというのだ。この間のロスは極めて大きい。つまり、それまで朝から晩まで監視で汗してきたことが5Gによってまったく違った産業に生まれ変わることができるのである。

上士幌には何千頭もの牛を一カ所に抱える農業法人があり、ここから生まれるデータは大変な財産になるはずだという。それが上士幌のアドバンテージだと。

だから、町長はICTの整備を声高に叫び続けているのである。町と歩調を合せる小椋組合長の鼻息が荒くなってくるのも無理はない。

「ICTで農業の所得は間違いなく上がるんだ。コスト削減、衛星を通じた遠隔操作によるトラクターの自動操舵システムなんかはハンドルを握らなくてもセットさえすれば自動で作業するわけで、すでに取り入れ始められている。後継者問題や高齢で作業が難しい人でも大丈夫なんだし、5Gの世界になれば、さらにあらゆる面で大幅なバージョンアップが見込まれる。農業は限りがない産業で、ゴールがないんだ。これでいいというのがないところが他の産業と違うところで、規模を拡大をしていけば労働力も自ずとついてくる。ロボットですべてが解決できるわけではないが、農業はまだまだ先へ行けるんだ！」

すでにJAは町とともに「ICTによる地方創生」に向けた農家への助成体制を整えている。

「ICTでどう町が変わっていくか。それによっては上士幌が第4次産業革命の発祥地になるかもしれない。AIの関係でビッグデータがここにいっぱい眠っているのだから」

ちなみに、上士幌町の食糧自給率は2000%である。

自動運転無人バスと交通ターミナル

2018（平成30）年4月20日、上士幌町に新たな交通拠点ができ、開業式典が行われた。

「上士幌町交通ターミナル」が役場の真ん前の、町の中心にオープンしたのである。延べ床面積が約553㎡の待合施設でもあり、ターミナル内では無料Wi−Fiが使用でき、休憩スペースも備え、地域の交流拠点としても期待されている。総工費は2億628万円で、地方拠点整備交付金などを利用して建設された。

「都市部には鉄道、バス、タクシーと何でもある。網の目のように体系化されて移動手段が整備されている。かたや地方では自家用車中心の生活で、交通弱者といわれる高齢者や子供にとって快適な環境とはいい難い。そのためにも交通ネットワークの整備が必要だった」(町長)

これで路線バスやタクシーなど、公共交通機関の乗降が集約され、町内の交通弱者への利便性の向上が図られたのだが……。

しかし、たとえば上士幌と帯広を結ぶ路線バスは1時間に一本か、時間帯によっては2時間に一本しかなく、利用者は平日だとそれぞれの便にせいぜい数名が乗り降りすればいいほうで、もしそのためだけの〝停留所〟ならば、なんとも贅沢な箱ものといわざるを得ない。

上士幌町交

上士幌町交通ターミナ
Kamishihoro Transportation Term

だが、そもそも日本の82％の地域のバス会社が赤字で、公共交通機関でありながら民間が支えているというのが現状なのだ。

「交通弱者に対してどう手当を講じるか？　まず一つは生活インフラのために、利用者の数だけの問題ではなく、福祉という観点からの必要性があって、その上で、道の駅、日本一広いナイタイ高原牧場、これからの需要が見込まれるインバウンドの受け入れなど、交通ネットワークの拠点として、その使命は大きい。ターミナルにはいろんな役割と可能性が秘められている」

先を見越した建設だったということだ。あらためて検証してみると、役場を中心に半径10～15㎞の中に糠平以外、町の公的機能を持った施設の大方がここに入ってしまう。車で15分でみなここへ来ることができる。そういう地理的背景もあって分散させずにコンパクトにした効率的な設計である。今は少なくとも利用者の数を云々すべきではないらしい。

「交通ターミナルが本格的に利用されるか否かが町の盛衰に関わってくると思う。町が元気になるということはあのターミナルが活用されるということ。逆に使われないということは町が疲弊しているということ」

さて、それでは一体このターミナルが具体的にどのように活かされていくというのか？

まずは地方における公共交通における人材が足りない現状がある。バスを走らせれば走らせるほど赤字を積み上げていくわけで民間が喜んで手を挙げるわけがない。運転手は仕事をはなれていく。こうなるともう町がやるしかないが、運転手を雇用すれば必要以上のコストが発生する。必然的に自動運転にならざるを得なく、ここに町の将来にわたる交通整備の活路を見出したのだ。

自動運転無人バスだった。

「これからは都市よりも地域でより必要とされている技術であり、環境である。人口が少なくてもバスを走らせなければならない。コストを考えれば無人バスとなる。都会ならば、客がたくさんいるから運転手を雇ってもビジネスは成り立つが、田舎ではそうはいかない。かといって、一人でも利用者がいるかぎり同じ距離を走らなければならず、これでは民間はやらないわけで行政がとなる。乗る人も少なくなる。本数が減り、最終的に廃線となるという悪循環だ。これを断ち切るのが自動運転無人バスなんだ」

プロジェクトリーダーの梶は自動運転バスに期待を込める。

こうして、上士幌で自動運転無人バスの実用化に向けた実証実験がスタートを切った。日本国内での自動運転バスの実用化に向けて活動するソフトバンクのグループ会社㈱SBドライブ」の協力を得て、「ふるさと納税」制度で深い付き合いを続けているトラストバンクとの共催で行うことになった。

フランスでは公道を運行している自動運転バス、役場前の町道を閉鎖し、バリケードなどの安全対策に万全を期して北海道初の実証実験であった。近未来の乗り物に幼児もお年寄りも大喜びだ。今年中にはナンバーを取得して町中を一般車両と同様に運行することに期待と願いを込めて準備中だ。

自動運転バスも5Gの世界ではネット環境の整備が欠かせず、それを見据えれば上士幌での実証実験はICTインフラを活用して地方に役立てたい考えを示している総務省の方向性に一致し、情報インフラのモデル事業になり得る。「地方創生」をスピード感を持って進めたい総務省としても恰好の〝地方〟が現れ、先んじて行動していることに否が応にも注目していることだろう。

ところで、その自動運転バスは本当に実用化できるのか？

ふるさとチョイス
ふるさと納税総合サイト
navya
ふるさとチョイス
ふるさと納税総合サイト

TRUST BANK
株式会社トラストバンク
ふるさと

田舎での利用者は高齢者や子供といった交通弱者であり、メカニズムに精通しているわけではない。果して、運転手のいないバスに乗って無事に目的地に辿り着くことができるのだろうか？　すでに、パリ市内では普通に運用されているというが……。

町での実証実験に向けて奔走してきた梶は自信を持ってこう説明する。

「たとえば、GPSで位置情報をとってマッピングして走るわけだが、走行中、瞬時に状況をカメラで捉え『今、ここにこういう形状がある』と道のデコボコや異物情報を感知したら止まる。これは速度や容量等通信機能の性能をアップさせることが重要で、だから田舎にICTが必要とされている。ドローンも通信環境が整備されていないと飛ばせず、山岳救助のロボコン（後述）もドコモに臨時基地局を設置してもらい可能となった。これは5Gの下でやったら素晴らしい成果が期待できる」

5G時代も見据えて実用化への期待を膨らませている。

実際にバスに乗車した町長も、ここでの実証実験を皮切りにこれから日本各地でもいろんなことを想定したことが試され証明されていくだろうと言う。そして、その結果、上士幌が日本の未来像の発祥の地としての役割を果していくだろうことを思うと、思わず期待が高まる。

「そうなれば、これまでまかり通ってきた〝都市優先〟の発想を覆すことになる」と。

さて、件《くだん》の「交通ターミナル」だが、自動運転無人バスが上士幌を走り出す時、いよいよ活躍の出番となる。

「過疎地域では地域住民の足の確保が課題で、これからは絶対に欠かせない。その先駆けとして自動運転は地域で安心して暮らしていくための重要なサービスになる。交通弱者が家に閉じ籠もるのではなく、外出できるようになるこの交通システムは新しい時代の救世主になる」（町長）

山岳救助とドローン

「地方ならでは」、いや「地方だからこそ」、その資源を活用してできる社会貢献活動がある。

たとえば、「上士幌町発」のＩＣＴを活用した人命救助プロジェクトが今、実現に向けて着々と実績を積み上げている。

現在、国内では年間に3600人もの登山者が遭難をしているという。この数字は右肩上がりの厄介な数字で、特に近年は外国人スキー客の遭難が目立って増えている。『ジャパン イノベーション チャレンジ実行委員会』(委員長・上村龍文)は「ロボットを使って社会貢献活動ができないものか」と模索してきたが、この山での遭難の現状に着目し、問題解決に向けた本格的な活動を立ち上げたのである。目指すところは上士幌町でのロボットによる山岳救助の実証実験を通して、災害救助活動をも含めた実用化で、上士幌にその活路を見出したのである。

同実行委員会が主催する『ロボットによる山岳救助コンテスト』がそれで、2018(平成30)年10月の開催で3回目を数えた。

そもそもこれまでの山岳救助といえば人海戦術を駆使したもので、ヘリコプターの出動による上空からの捜索や搬出活動もあるが、ほとんどが自衛隊や消防レスキューに地元消防団ら、災害救助のスペシャリストが現場に駆けつけ、その任にあたってきた。救助活動は荒れた天候や厳しい自然、それに一刻を争う時間との闘いでもあり、また二次災害のリスクもはらむ。わずかな発見の遅れが救える命に及ばぬこともある。実行委員会はロボットとICTの活用によってそれを最小限に抑え、補填し、より迅速な人命救助に貢献できるはずだと考え、実現化に向けた実証実験を重ねる毎に成果をおさめている。

コンテストで試されるのはロボットとしてのドローン、そしてそれを操り、そこから得た情報を迅速に分析し行動する技術者だ。ドローンが遭難現場に設定された山中まで飛び〝遭難者〟を「発見」し、「駆けつけ」て、そして「救助」することを競うのである。救助のターゲットは遭難者に見立てられたマネキン人形で、人肌に発熱させる携帯カイロが装着されている。

そもそもドローンという無人飛行には人的な二次災害の心配がなく、現場まで迅速にひとっ飛びで急行できる。人が入り込むのが難しい、特に冬山や夜間ともなれば木の生い繁る、遭難現場へ駆けつけること自体が憚《はばか》られるが、ドローンには搭載された赤外線暗視カメラで上空からでも十分に捜索は可能で、一刻を争う場面での機動力においてこれに勝るものはない。この実用化に向けた研究開発活動がこのコンテストの大きな目的で、上士幌が有する自然資源がその舞台に適し、提供されてきたのである。

重ねていうが、このコンテストはいわば、山岳遭難者の救出や近年頻発している自然災害救助をサポートする技術開発をめぐる実証実験で、さまざまな自然災害と向き合っている日本にとっては問題解決の鍵を握るといっても過言ではない。

実行委員長の上村は「ICTを活用して地域とシニアを元気にする」を社是とする『トラストバンク』の役員で技術畑出身である。これまで技術者の一人としてアメリカで盛んに行われているロボットコンテストをずっと関心を持ってウォッチしてきたが、その一方、忸怩たる思いも抱き続けていた。日本の企業や大学の技術者たちがそれらに参戦し、世界に高い技術力を見せつけ数々の栄誉を手にしていたのだが、コンテストの規定でほとんどが主催団体に権利を置いていかざるをえず、つまり、日本の技術をタダ同然で手放してきた現状があったのだ。日本にコンテストを主催するスポンサーや会場となる現場がなかったからである。

高校生の頃、NHKが主催する高校生のロボットコンテストに出場経験もある上村にとっては実に複雑な思いであったが、この積年の懸案事項が『ジャパン イノベーションチャレンジ実行委員会』の立ち上げによって払拭されようとしていたのだ。

そもそもこのロボットコンテストの、最大の目的を「人命救助」としたプロジェクトが立ち上がったのは、「ふるさと納税」制度がきっかけだった。

『トラストバンク』は「ふるさとチョイス」サイトを開設してふるさと納税制度を一般

【主催】
Japan Innovation Challenge 実行委員会
JTB
感動のそばに、いつも。
HORIZON
TRUST BANK
株式会社 トラストバンク
上士幌町
Alps
株式会社アルプス技研
【協賛】
株式会社トラストバンク
上士幌町
HORIZON 株式会社

に広め、登録する自治体の納税代行サービスを行ってきたが、上村はある日、上士幌の町長室で町長と会っていた。ふと上村の口をついて出たのがロボコンの話題だった。町長室の窓の外に眺める山々を見ながら、頭の隅でずっと熟成させてきた構想をふと町長にこぼしたのである。併せて「日本の技術流出を止め、国内で開発を」と、思いの丈をぶつけたのだ。

「素晴らしいアイデアじゃないか！　うち（上士幌）で山岳救助コンテストをやればいいじゃないか。山ならばうちにはいくらでもある。町有林を貸してやるから思う存分やってごらんよ」

町長はすぐにこう切り返し、上村の背中を押した。5Gの時代を見据えて最新の技術を駆使し、今後、日本全国でこの構想を実用化していく上でもビッグデータの収集は重要であり、しかも、急増する山岳遭難や自然災害救助の観点からも急がれている案件である。そうと即断するや、実証実験の場として使用許可を約束したのだ。

その一年後、第一回の山岳救助ロボットコンテストが上士幌で行われるのである。

実は、このとんとん拍子で進んだ背景にはこんな逸話もあった。

上村は過度の（スギ）花粉症で、スギ花粉が飛ぶ春先にはいつも上士幌に〝避難〟移住し、テレワークをし、その間、青空がいっぱいに広がる上士幌の空でドローンを飛ばしていたのだ。いわば、上村は上士幌町の関係人口の一人であり、「上士幌は何の規制もなく、思う存分、仕事や研究ができて気持ちがいい」と、勝手知ったる自分の庭のごとく上士幌の自然に溶け込んでいたのである。

実はこの（スギ花粉からの）避難であるが、これは町長が1期2年目の時に「地域再生マネージャー制度」（総務省）の企画として、都会でスギ花粉で悩んでいる人たちのことを思い、スギ花粉とは無縁の上士幌でリトリートツアーを企画していた（第三章参照）。上村はツアー参加者ではなかったが、結果としてその実績にあやかる恰好だった。上村はスギ花粉なき上士幌の恩恵に浴しながら山岳救助のロボコンのアイデアを着々と進めていたのである。

ロボコンを開催するにあたって大きな問題があった。

ドローンを飛ばすとなると無線回線が必要となるが、現場となる上士幌の山の中まではまだ通信回線は網羅されていない。これが5Gの世界ならば文句なしの通信環境である。あらためて将来におけるICTの重要性と緊急整備を思い知らされるのだが、NTTドコモに依頼して無線の臨時基地局を立てたのである。これで開催にこぎつけることができたが、この環境下で、ドローンによる災害救助の可能性を証明できれば日本各地でも「イケる！」となるはずで、かなり価値のある実証実験となった。

2018（平成30）年10月10〜12日の3日間にわたり上士幌の町有林で夜間に行われたロボコンは、救助困難も予想されたが、心配するまでもなく〝遭難者〟を素早く発見し駆け付け、見事に救助の成果をおさめたのである。今後の山岳救助のみならず、自然災害においても実用へ向けて大きく前進した。

昨今、都会だけでなく地方でも高齢者や認知症患者が徘徊し、行方不明となり、悲劇となる痛ましい事故が増えている。地方では捜索は広範囲に及び、夜間は都会と違って真っ暗になり捜索は困難を極める。こんな時もドローンに活躍を期待できる。

上士幌の自然資源は活用次第で人に優しい最新技術を生み出してくれる原動力になる。それには、ICTが欠かせないということだ。

バイオマス再生可能エネルギー

酪農が盛んな町ではその季節が来ると、地元の人でも慣れっことはいえ「なんとかならないものか」という深刻な環境問題がある。

家畜の糞尿処理問題である。

とにかく臭うのである。夏、気温が上がるとその臭いは鼻をつき、黙っていても視覚に飛び込んで来る北海道の大自然の光景を楽しむ邪魔をする。新鮮な空気をおなかいっぱいに吸い込もうにも呼吸と同時に嗅覚も働いてしまい、思わずそれも遠慮がちにならざるを得ない。酪農の盛んな町や牧場を巡った旅を経験したことのある人ならば思い当たるはずだ。

いや、そんなことを問題視すること自体、実に罰当たりなことだという声もある。

「それが北海道だべさ」と、胸を張るのだ。

排出された家畜の糞尿はそのまま放置しておくのではなく、堆肥として畑に撒いて有効利用され、生産の現場においては自然の循環が行われているわけであり、〝臭い〟を今さらとやかく言うこと自体が重箱の隅を突つくようないちゃもんかもしれない。願わくは土と混じり合ったことで臭いが消えてくれればいいのだが、そうはいかない。端から「諦めろ」、「それくらい我慢しろ」、「嫌悪するよりも生産に感謝だろ」等々、これは酪農の町の宿命であり、こそこそと問題にすること自体がナンセンスとの誹りを受けるかもしれない。

しかし、酪農が盛んな上士幌でそんな環境問題が解決の方向に向かっている。

堆肥として使い切れないほどの家畜の糞尿を無理やりにでも使おうとするのではない。バイオマスガスを発生させてエネルギーに転化させる原料とするのである。すでに町内では電力を起こすプラントが4基稼働し、起こした電力を北海道電力に売電し、それをあらためて酪農家へ供給することが行われているのだ。農協の小椋組合長は、

「私が組合長になっていの一番に手がけた仕事だ。多額の資金もいるので町と銀行から28億円を借り入れ、また電力会社への申請や協議もなかなかだった」

「償還できるのか?」

「そんなんで本当に稼動するのか？　しなかったらどうする気だ?」

上士幌の酪農の生産高は道内トップクラスで、何を今さら余計なリスクを負うのかとの反対の声の大合唱だったという。

「何事もリスクなしでは前には一歩も進めないんだ」

小椋組合長も腹を括るのは苦手でないようである。償還計画を丁寧に説明をして納得してもらい、〝攻める農業〟の旗振り役に徹した。こうして4基（内1基は民間）の稼動にまでこぎつけたのである。


2018年9月6日、北海道胆振地方中東部を震源としたマグニチュード6・7、最大震度7の大きな地震が発生した。北海道としては死者41人も出すこれほどの規模の痛ましい地震は初めてのことだった。幸い、上士幌町では大きな被害を受けなかったが、被災地以外の北海道全域にわたって停電が起きた。ブラックアウトである。このため、上士幌では乳を搾ったものの停電のため生乳31トンが廃棄処分となった。

「現在、町で稼動しているプラントから生まれる電力は契約上、売電のみで、直接使うことができない。今後、導入が予定されている2基を含め5基がフル稼動すれば町で消費する電力をカバーすることができる。そうなれば、たとえブラックアウトが起こっても町だけで対応できるし、せっかくの牛乳をもったいないことをせずに済むんだ」

バイオマス再生可能エネルギーによる発電を始めてまもなくに起きたブラックアウト

は、町民にとっては自然災害に対する恐怖とともに、将来のエネルギー問題を考えるきっかけとなった。すでに町内には電力をカバーできるエネルギーがあり、地産地消のシステムが整備されれば、ブラックアウトは恐くないのだ。

これからの政治課題ではあるが、少なくとも、家畜糞尿の60％がこのエネルギー発生の原料に使用され、環境問題の解消に大前進したことだけは確かである。匂いが嫌で移住に背を向けていた希望者をあらためて振り向かせることにもなったはずだ。

上士幌の自然と空気に絆《ほだ》されて移住者してきた人たちは、新鮮な空気を胸いっぱいに吸う喜びに溢れていることだろう。

終章

都会から田舎へ

軌跡と奇跡

タイトルに「上士幌町のキセキ」と謳った。

「キセキ」の意味するところは、「軌跡」と「奇跡」である。

つまり、本書にて「ふるさと納税」を足掛かりにした奇跡的な飛躍を遂げた上士幌町の軌跡を綴らせていただいたわけだ。

「上士幌町のキセキ」は端から見れば、誰もがその歩みとその成果を素直に心から讃え、「わが町もあやかりたい」と羨やむだろうか?

いや、そのどこかに「たまたま運が良かっただけではないか」と、僻《ひが》みにも似た思いを抱いている自治体関係者もいるかもしれない。

取材ノートをあらためてめくってみる。最初のページから中を飛ばして最後のページへと結論を急いでいくと、そこから上士幌にはこれまで実際にあった町おこし事業で再興し躍進を遂げた他の町に例を見ない〝三段跳び〟の躍進ぶりをうかがうことができる。確かにこれはミラクルで、「運が味方をしただけじゃないか」との多少の妬みも半ば成り立つのかもしれない。

しかし、あらためてキセキの一つ一つを検証していくと、勇み足と言われかねない先んじた政策やそれに応じた速い人の動き出し、そして時代や社会の流れに敏感に反応する町長や職員らの役人らしからぬ攻めの姿勢が自信に満ち溢れているのが垣間見えてくるのである。つまり、これはキセキが生んだ結果ではなく、〝オール上士幌〟が確信を持って生み出した必然ではないのかと。

「田舎だから」をハンデとした言い訳や愚痴はもはや、上士幌町のキセキを前にしては通用しづらくなってしまった。今や「地方創生」のフロントランナーとしてひた走る上士幌を見ていると、まだ日本全体としては途上にある「地方創生」ではあるが、このまま掛け声だけで終わらずに現実味を帯びてゴールに近づいていると信じたくなるのである。

本書の取材にあたり、私は暮らしている都会と上士幌町との間を行ったり来たりを続けて少なくとも都合ひと月余りを上士幌町で寝泊まりをした。

太陽が連綿と続く山々の元へと沈みかけ、薄暗くなる頃に町営温泉『ふれあいプラザ』のお湯にのぼせるまで浸かり、風呂上がりの帰りしなに焼き鳥や北海道産の魚を肴に町民と酒を酌み交わし、一日を無事に終えたことを感謝した。

「バルーンフェスティバル」では大空いっぱいに舞うバルーンに見とれ、首が回らなくもなり（他にも原因か）、もちろん、空気はタダで胸一杯吸わせてもらった。こうなると「上士幌町」を客観的にとらえるべきノンフィクションがそんないい思いにごまかされて上士幌カラーに染められてしまったのではないか。そうなれば、〝ミイラ取りがミイラになってしまった〟わけだが、ノンフィクションを手掛ける責任としてミイラになっていないことだけは断言する。但し、上士幌町の関係人口の一人になったであろうことは正直に言おう。

おそらく、自分の中で眠っていた〝ふるさと回帰〟への心持ちが起こされたのかもしれない。

「ない」ことは素晴らしいということを教えられた。
「ある」と信じて思っていることが「ない」となった時や、たとえ「あった」としても
それを確かめるまでの不安はストレスでしかなく、最初から「ない」と思って力まずに
事にあたることは実に爽快で、余計なことに惑わされることがない。まさに「ない」の
実践であり、上士幌で学ばせてもらい、都会に舞い戻ってそれは活かされ、半ば仙人に
でもなった気分でもいる。

この取材と関われたことが自分にとっては奇跡であり、その軌跡をあらためて読者に
十分に伝えきれたら幸甚である。

もし消化不良を起こされていたら、まずは移住まで考える必要はないので上士幌町ま
で足を延ばすことをお勧めしたい。自分の五感で上士幌を感じていただきたい。まずは
きっと都会で慣らされ当り前になっている不夜城という〝夜の明るさ〟が、実は真っ暗
だったことに気づかされるはずだ。そこでの暗さは不安や恐怖を煽るのではなく、じっ
くりと深い眠りに誘う自然の子守歌のようなものであり、気がつくと静かにまた新しい
朝を迎える感動に浸ることができる。それだけは約束しよう。

最後に、本書出版にあたり、ご協力いただだいた上士幌町の皆さんに心より感謝申し上げたいと存じます。

関係人口の一人として末永いお付き合いをいただけたら幸いです。

2019（平成31）年 平成最後の大寒

黒井克行

ふるさと創生
――北海道上士幌町のキセキ

発行日　2019年3月31日　第1刷発行
　　　　2019年4月30日　第2刷発行

著者　　　黒井克行
発行者　　小黒一三
発行所　　株式会社木楽舎
　　　　　〒104-0044
　　　　　東京都中央区明石町11-15
　　　　　ミキジ明石町ビル6階
　　　　　電話　03-3524-9572
　　　　　http://www.kirakusha.com
印刷・製本　美研プリンティング株式会社
造本・装丁　松田 剛（東京100ミリバールスタジオ）
校正　　　鴎来堂

ISBN978-4-86324-133-6